# MQ

## 맥체인큐티(12-05)

하나님의 말씀과 기도로
거룩하여 짐이라
(딤전 4:5)

MQ
맥체인큐티(12-05)

**발 행 인** 김수곤
**편집위원** 김홍양 임건혁 정현기 김종인 박성대
**디 자 인** 디자인이츠
**발행한곳** 선교횃불
**등록주소** 송파구 백제고분로 27길 12(삼전동)
**전 화** (02) 2203-2739
**팩 스** (02) 2203-2738
**이 메 일** ccm2you@gmail.com
**홈페이지** www.ccm2u.com
**발 행 일** 2021년 5월 1일

## 맥체인성경읽기표 5월

| 일차 | 날짜 | 가정 | | 개인 | |
|---|---|---|---|---|---|
| 121 | 5/1 | 민 8 | 시44 | 아 6 | 히 6 |
| 122 | 2 | 민 9 | 시45 | 아 7 | 히 7 |
| 123 | 3 | 민10 | 시46·47 | 아 8 | 히 8 |
| 124 | 4 | 민11 | 시48 | 사 1 | 히 9 |
| 125 | 5 | 민12·13 | 시49 | 사 2 | 히10 |
| 126 | 6 | 민14 | 시50 | 사3·4 | 히11 |
| 127 | 7 | 민15 | 시51 | 사 5 | 히12 |
| 128 | 8 | 민16 | 시52~54 | 사 6 | 히13 |
| 129 | 9 | 민17·18 | 시55 | 사 7 | 약 1 |
| 130 | 10 | 민19 | 시56·57 | 사8·9:1~7 | 약 2 |
| 131 | 11 | 민20 | 시58·59 | 사9:8~10:4 | 약 3 |
| 132 | 12 | 민21 | 시60·61 | 사10:5~34 | 약 4 |
| 133 | 13 | 민22 | 시62·63 | 사11·12 | 약 5 |
| 134 | 14 | 민23 | 시64·65 | 사13 | 벧전1 |
| 135 | 15 | 민24 | 시66·67 | 사14 | 벧전2 |
| 136 | 16 | 민25 | 시68 | 사15 | 벧전3 |
| 137 | 17 | 민26 | 시69 | 사16 | 벧전4 |
| 138 | 18 | 민27 | 시70 71 | 사17 18 | 벧전5 |
| 139 | 19 | 민28 | 시72 | 사19·20 | 벧후1 |
| 140 | 20 | 민29 | 시73 | 사21 | 벧후2 |
| 141 | 21 | 민30 | 시74 | 사22 | 벧후3 |
| 142 | 22 | 민31 | 시75·76 | 사23 | 요일1 |
| 143 | 23 | 민32 | 시77 | 사24 | 요일2 |
| 144 | 24 | 민33 | 시78:1~37 | 사25 | 요일3 |
| 145 | 25 | 민34 | 시78:38~72 | 사26 | 요일4 |
| 146 | 26 | 민35 | 시79 | 사27 | 요일5 |
| 147 | 27 | 민36 | 시80 | 사28 | 요이1 |
| 148 | 28 | 신 1 | 시81·82 | 사29 | 요삼1 |
| 149 | 29 | 신 2 | 시83·84 | 사30 | 유 1 |
| 150 | 30 | 신 3 | 시85 | 사31 | 계 1 |
| 151 | 31 | 신 4 | 시86·87 | 사32 | 계 2 |

# 차례

# 맥체인 QT 가이드

## 01 사도신경 오늘의 찬양

신앙고백으로 마음을 정돈하고, 오늘의 찬양으로 마음의 준비를 하세요.

## 02 핵심주제

그날의 핵심주제를 기억하며 본문으로 들어갑니다.

## 03 본문읽기

네 본문의 소제목을 기억하면서 본문을 정독으로 읽으세요.
- 반복되는 단어, 유사한 단어, 반대되는 단어를 기억하면서...
- 나에게 주시는 동일한 핵심 단어를 4책에서 찾아 기록해 보세요.

## 04 묵상가이드

본문의 내용을 떠올리며 단어나 문장을 연결하며 다시 한번 정독으로 읽으세요.

## 05 더 깊은 묵상

하나님이 나에게 주시는 말씀을 다시 한번 묵상해 보세요.

## 06 말씀기도

오늘 내게 주신 말씀에 순종 할 수 있도록 하나님께 기도를 드립니다.

## 07 나의 적용

묵상을 통해 주신 말씀에 순종하며, 오늘 내가 할수 있는 일을 구체적으로 기록해 보세요.

## 08 감사기도

감사가 사라지고 있는 이 시대.. 하루에 3가지(믿음, 소망, 사랑)의 감사하는 마음을 담아 기록하여 보세요. 감사는 또 다른 감사를 만들어 줍니다.

## 09 말씀암송

주어진 시간안에서 말씀을 기억하세요. (괄호 채우기를 권해 드립니다.) 1년 365요절을 암송합니다.

# ▶나눔 ( 하브루타 토론식 )◀

교회 소그룹에 활용시 (09)말씀기도 전에
『하브루타 토론식』으로 서로의 의견을 말하고 생각을 공유해 보세요.
맥체인QT집으로 묵상을 하시면
같은 말씀이라도 하나님의 주신 말씀이 다양한 방향과 방법으로
대화의 나눔의 장을 만들어 드릴것입니다.

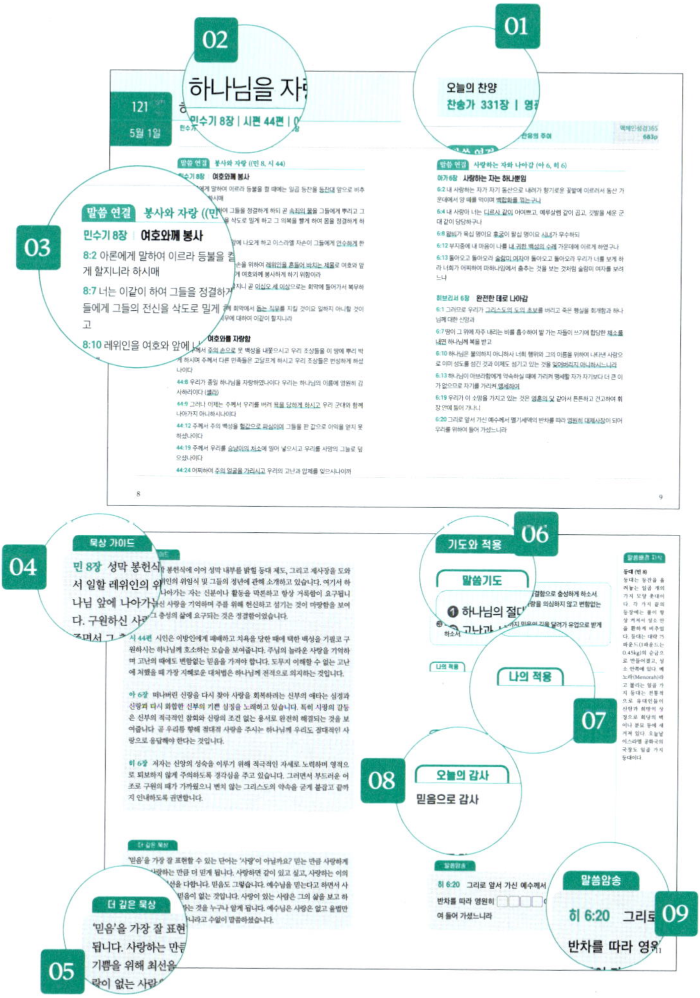

## 맥체인 성경읽기는
# 말씀에서 길을 찾고 기도로 힘을 얻는다

### ● 나의 맥체인 성경읽기를 공개합니다.

① 먼저 기도하고 찬양으로 마음을 준비합니다.

② 성경읽기표에 따른 네 본문에 제시된 주제를 통해 중심 단어를 생각합니다.

③ 네 성경 본문을 순서대로 천천히 읽습니다. (주요 요절이나 단어에 밑줄이나 표기를 합니다.)

④ 우선 두 성경 본문에서 주제와 일치하는 내용이나 반복되는 단어나 유사한 문맥을 찾아 서로 연결해 봅니다.

⑤ 본문에서 반대되는 내용이나 같은 뜻을 가진 단어나 문장 문맥을 찾아봅니다.

⑥ 이렇게 연결되는 본문을 나머지 다른 두 권으로 확대하여, 네 권 전체에 흐르는 하나님의 뜻을 발견하고, 그 내용을 적어봅니다. (나에게 주시는 말씀)

⑦ 네 성경 본문을 한 주제로 연결하도록(Word Link) 깊은 묵상을 합니다.

⑧ 나아가 본문에서 지도자나 인도자로부터 배운 신학 주제나 교리들이 함축하고 있는 문맥이나 내용의 짝을 찾아봅니다.

⑨ 삶에 적용할 항목들을 적어보고 실천함으로써 놀라운 변화를 경험해 봅니다. 매일 묵상할 때마다 다른 감동을 경험할 수 있습니다.

⑩ 마지막으로 하나님이 오늘 나에게 주신 말씀을 통하여 가르침, 명령과 약속과 권면, 경고 및 행해야 할 일들을 적어보고, 하나님과 대화하는 마음으로 묵상하고, 말씀기도로 성경읽기를 마무리합니다.

※ 독자들의(맥체인큐티, MQ) 다양한 원고를 기다립니다. 공동체의 성경읽기가 습관화 되어지도록 말씀묵상, 말씀적용, 감사기도의 은혜를 독자들과 나눌 수 있도록 사연을 기다립니다. 지면을 통하여 함께 은혜 나누기를 소망합니다. 채택되신 분들에게는 감사의 마음을 담아 선교횃불 도서를 선물로 보내드립니다. (이메일 : ccm2you@gmail.com)

## 맥체인 성경읽기

**[주의할 점]**

첫째, 형식으로 읽지 말아야 합니다.

둘째, 분량 채우는 것으로 만족하지 말아야 합니다.

셋째, 아무렇게나 건성으로 읽지 말아야 합니다.

넷째, 의무감으로 억지로 읽지 말아야 합니다.

**[장점]**

첫째, 성경 전체를 1년 동안 정독할 수 있습니다.

둘째, 성경의 네 가지 본문을 동시에 보는 안목을 기르게 됩니다.

셋째, 성경의 주인이 하나님이심을 알게 됩니다.

넷째, 어느 부분을 읽을지 고민하지 않습니다.

다섯째, 교회의 전 성도가 어디를 읽는지 알 수 있습니다.

여섯째, SNS로 같은 본문의 은혜 나눔이 가능합니다.

일곱째, 새벽기도때 설교를 듣고 매일 읽어 나갈 수 있습니다.

121 일차 365

5월 1일

# 하나님을 자랑함

**민수기 8장 | 시편 44편 | 아가 6장 | 히브리서 6장**

## 말씀 연결 봉사와 자랑 (민 8, 시 44)

### 민수기 8장 | 여호와께 봉사

**8:2** 아론에게 말하여 이르라 등불을 켤 때에는 일곱 등잔을 등잔대 앞으로 비추게 할지니라 하시매

**8:7** 너는 이같이 하여 그들을 정결하게 하되 곧 속죄의 물을 그들에게 뿌리고 그들에게 그들의 전신을 삭도로 밀게 하고 그 의복을 빨게 하여 몸을 정결하게 하고

**8:10** 레위인을 여호와 앞에 나오게 하고 이스라엘 자손이 그들에게 안수하게 한 후에

**8:11** 아론이 이스라엘 자손을 위하여 레위인을 흔들어 바치는 제물로 여호와 앞에 드릴지니 이는 그들에게 여호와께 봉사하게 하기 위함이라

**8:24** 레위인은 이같이 할지니 곧 이십오 세 이상으로는 회막에 들어가서 복무하고 봉사할 것이요

**8:26** 그의 형제와 함께 회막에서 돕는 직무를 지킬 것이요 일하지 아니할 것이라 너는 레위인의 직무에 대하여 이같이 할지니라

### 시편 44편 | 여호와를 자랑함

**44:2** 주께서 주의 손으로 뭇 백성을 내쫓으시고 우리 조상들을 이 땅에 뿌리 박게 하시며 주께서 다른 민족들은 고달프게 하시고 우리 조상들은 번성하게 하셨나이다

**44:8** 우리가 종일 하나님을 자랑하였나이다 우리는 하나님의 이름에 영원히 감사하리이다 (셀라)

**44:9** 그러나 이제는 주께서 우리를 버려 욕을 당하게 하시고 우리 군대와 함께 나아가지 아니하시나이다

**44:12** 주께서 주의 백성을 헐값으로 파심이여 그들을 판 값으로 이익을 얻지 못하셨나이다

**44:19** 주께서 우리를 승냥이의 처소에 밀어 넣으시고 우리를 사망의 그늘로 덮으셨나이다

**44:24** 어찌하여 주의 얼굴을 가리시고 우리의 고난과 압제를 잊으시나이까

오늘의 찬양
**찬송가 331장 | 영광을 받으신 만유의 주여**

맥체인성경365
683p

## 말씀 연결 사랑하는 자와 나아감 (아 6, 히 6)

### 아가 6장 | 사랑하는 자는 하나뿐임

6:2 내 사랑하는 자가 자기 동산으로 내려가 향기로운 꽃밭에 이르러서 동산 가
운데에서 양 떼를 먹이며 백합화를 꺾는구나

6:4 내 사랑아 너는 디르사 같이 어여쁘고, 예루살렘 같이 곱고, 깃발을 세운 군
대 같이 당당하구나

6:8 왕비가 육십 명이요 후궁이 팔십 명이요 시녀가 무수하되

6:12 부지중에 내 마음이 나를 내 귀한 백성의 수레 가운데에 이르게 하였구나

6:13 돌아오고 돌아오라 술람미 여자야 돌아오고 돌아오라 우리가 너를 보게 하
라 너희가 어찌하여 마하나임에서 춤추는 것을 보는 것처럼 술람미 여자를 보려
느냐

### 히브리서 6장 | 완전한 데로 나아감

6:1 그러므로 우리가 그리스도의 도의 초보를 버리고 죽은 행실을 회개함과 하나
님께 대한 신앙과

6:7 땅이 그 위에 자주 내리는 비를 흡수하여 밭 가는 자들이 쓰기에 합당한 채소를
내면 하나님께 복을 받고

6:10 하나님은 불의하지 아니하사 너희 행위와 그의 이름을 위하여 나타낸 사랑으
로 이미 성도를 섬긴 것과 이제도 섬기고 있는 것을 잊어버리지 아니하시느니라

6:13 하나님이 아브라함에게 약속하실 때에 가리켜 맹세할 자가 자기보다 더 큰 이
가 없으므로 자기를 가리켜 맹세하여

6:19 우리가 이 소망을 가지고 있는 것은 영혼의 닻 같아서 튼튼하고 견고하여 휘
장 안에 들어 가나니

6:20 그리로 앞서 가신 예수께서 멜기세덱의 반차를 따라 영원히 대제사장이 되어
우리를 위하여 들어 가셨느니라

## 묵상 가이드

**민 8장** 성막 봉헌식에 이어 성막 내부를 밝힐 등대 제도, 그리고 제사장을 도와서 일할 레위인의 위임식 및 그들의 정년에 관해 소개하고 있습니다. 여기서 하나님 앞에 나아가는 자는 신분이나 활동을 막론하고 항상 거룩함이 요구됩니다. 구원하신 사랑을 기억하며 주를 위해 헌신하고 섬기는 것이 마땅함을 보여주면서 그 충성의 삶에 요구되는 것은 정결함이었습니다.

**시 44편** 시인은 이방인에게 패배하고 치욕을 당한 때에 택한 백성을 기필코 구원하시는 하나님께 호소하는 모습을 보여줍니다. 주님의 놀라운 사랑을 기억하며 고난의 때에도 변함없는 믿음을 가져야 합니다. 도무지 이해할 수 없는 고난에 처했을 때 가장 지혜로운 대처법은 하나님께 전적으로 의지하는 것입니다.

**아 6장** 떠나버린 신랑을 다시 찾아 사랑을 회복하려는 신부의 애타는 심정과 신랑과 다시 화합한 신부의 기쁜 심정을 노래하고 있습니다. 특히 사랑의 갈등은 신부의 적극적인 참회와 신랑의 조건 없는 용서로 완전히 해결되는 것을 보여줍니다. 곧 우리를 향해 절대적 사랑을 주시는 하나님께 우리도 절대적인 사랑으로 응답해야 한다는 것입니다.

**히 6장** 저자는 신앙의 성숙을 이루기 위해 적극적인 자세로 노력하며 영적으로 퇴보하지 않게 주의하도록 경각심을 주고 있습니다. 그러면서 부드러운 어조로 구원의 때가 가까웠으니 변치 않는 그리스도의 약속을 굳게 붙잡고 끝까지 인내하도록 권면합니다.

## 더 깊은 묵상

'믿음'을 가장 잘 표현할 수 있는 단어는 '사랑'이 아닐까요? 믿는 만큼 사랑하게 됩니다. 사랑하는 만큼 더 믿게 됩니다. 사랑하면 같이 있고 싶고, 사랑하는 이의 기쁨을 위해 최선을 다합니다. 믿음도 그렇습니다. 예수님을 믿는다고 하면서 사랑이 없는 사람은 믿음이 없는 것입니다. 사랑이 있는 사람은 그의 삶을 보고 하나님을 믿는 사람이라는 것을 누구나 알게 됩니다. 예수님은 사랑은 없고 율법만 남은 믿음은 믿음이 아니라고 수없이 말씀하셨습니다.

## 기도와 적용

### 말씀기도

❶ 하나님의 절대적 사랑을 기억하며 정결함으로 충성하게 하소서.
❷ 고난과 시련 속에서도 하나님의 사랑을 의심하지 않고 변함없는 믿음으로 따르게 하소서.
❸ 하나님의 약속을 붙들고 끝까지 믿음의 길을 달려가 유업으로 받게 하소서.

### 나의 적용

### 오늘의 감사

믿음으로 감사

소망으로 감사

사랑으로 감사

### 말씀암송

**히 6:20** 그리로 앞서 가신 예수께서 □□□□의 반차를 따라 영원히 □□□□이 되어 우리를 위하여 들어 가셨느니라

## 말씀배경 지식

**등대 (민 8)**
등대는 등잔을 올려놓는 일곱 개의 가지 모양 촛대이다. 각 가지 끝의 등장에는 불이 항상 켜져서 성소 안을 환하게 비추었다. 등대는 대략 75파운드(1파운드는 0.45kg)의 순금으로 만들어졌고, 성소 안쪽에 있다. 메노라(Menorah)라고 불리는 일곱 가지 등대는 전통적으로 유대인들이 신앙과 희망의 상징으로 회당의 벽이나 분묘 등에 새겨져 있다. 오늘날 이스라엘 공화국의 국장도 일곱 가지 등대이다.

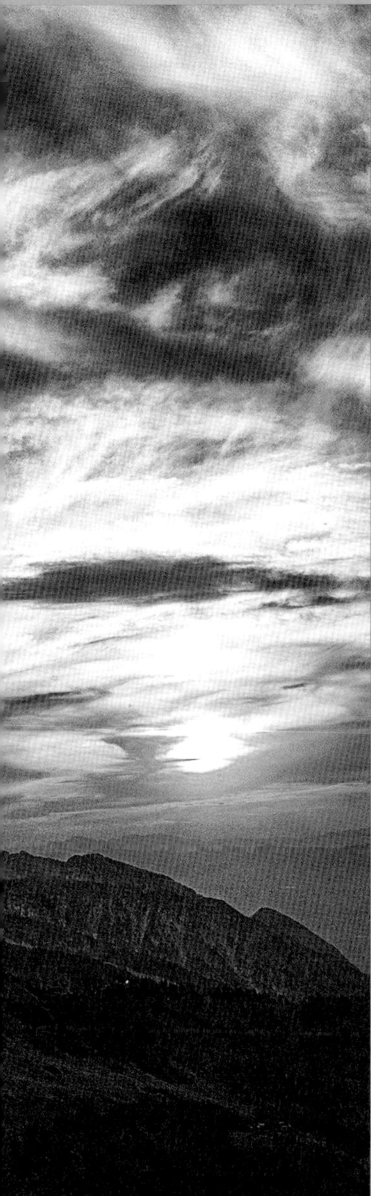

# 산다는 것은 황홀하다

주님
오늘 나를 위해
어떤 일을
예비하셨는지요?

오늘
내가
그 은혜를 기대하며
아침의 문을 엽니다.

눈빛이 멈추는 곳마다
손끝이 스치는 곳마다
발길이 닿는 곳마다
주님이 하실 일들을 주목합니다.

주님,
오늘 내 삶 속에서 행하실
그 황홀한 일들을 기대하며
하루를 시작합니다.

사랑은 영원한 느낌표 / 선교횃불

122 일차 365

5월 2일

# 온전한 구원

민수기 9장 | 시편 45편 | 아가 7장 | 히브리서 7장

## 말씀 연결 말씀과 경배 (민 9, 시 45)

### 민수기 9장 | 말씀을 기다림

9:3 그 정한 기일 곧 이 달 열넷째 날 해 질 때에 너희는 그것을 지키되 그 모든 율례와 그 모든 규례대로 지킬지니라

9:12 아침까지 그것을 조금도 남겨두지 말며 그 뼈를 하나도 꺾지 말아서 유월절 모든 율례대로 지킬 것이니라

9:14 만일 타국인이 너희 중에 거류하여 여호와 앞에 유월절을 지키고자 하면 유월절 율례대로 그 규례를 따라서 행할지니 거류민에게나 본토인에게나 그 율례는 동일할 것이니라

9:15 성막을 세운 날에 구름이 성막 곧 증거의 성막을 덮었고 저녁이 되면 성막 위에 불 모양 같은 것이 나타나서 아침까지 이르렀으되

9:23 곧 그들이 여호와의 명령을 따라 진을 치며 여호와의 명령을 따라 행진하고 또 모세를 통하여 이르신 여호와의 명령을 따라 여호와의 직임을 지켰더라

### 시편 45편 | 여호와를 경배함

45:2 왕은 사람들보다 아름다워 은혜를 입술에 머금으니 그러므로 하나님이 왕에게 영원히 복을 주시도다

45:5 왕의 화살은 날카로워 왕의 원수의 염통을 뚫으니 만민이 왕의 앞에 엎드러지는도다

45:6 하나님이여 주의 보좌는 영원하며 주의 나라의 규는 공평한 규이니이다

45:12 두로의 딸은 예물을 드리고 백성 중 부한 자도 네 얼굴 보기를 원하리로다

45:13 왕의 딸은 궁중에서 모든 영화를 누리니 그의 옷은 금으로 수 놓았도다

45:16 왕의 아들들은 왕의 조상들을 계승할 것이라 왕이 그들로 온 세계의 군왕을 삼으리로다

오늘의 찬양
**찬송가 82장 | 성부의 어린 양이**

맥체인성경365
687p

## 말씀 연결 속함과 드리심 (아 7, 히 7)

### 아가 7장 | 사랑하는 자에게 속함

7:2 배꼽은 섞은 포도주를 가득히 부은 둥근 잔 같고 허리는 백합화로 두른 밀단
같구나

7:6 사랑아 네가 어찌 그리 아름다운지, 어찌 그리 화창한지 즐겁게 하는구나

7:7 네 키는 종려나무 같고 네 유방은 그 열매송이 같구나

7:10 나는 내 사랑하는 자에게 속하였도다 그가 나를 사모하는구나

7:13 합환채가 향기를 뿜어내고 우리의 문 앞에는 여러 가지 귀한 열매가 새 것,
묵은 것으로 마련되었구나 내가 내 사랑하는 자 너를 위하여 쌓아 둔 것이로다

### 히브리서 7장 | 단번에 드림

7:8 또 여기는 죽을 자들이 십분의 일을 받으나 저기는 산다고 증거를 얻은 자가
받았느니라

7:16 그는 육신에 속한 한 계명의 법을 따르지 아니하고 오직 불멸의 생명의 능
력을 따라 되었으니

7:19 (율법은 아무 것도 온전하게 못할지라) 이에 더 좋은 소망이 생기니 이것으
로 우리가 하나님께 가까이 가느니라

7:25 그러므로 자기를 힘입어 하나님께 나아가는 자들을 온전히 구원하실 수 있
으니 이는 그가 항상 살아 계셔서 그들을 위하여 간구하심이라

## 묵상 가이드

**민 9장** 본 장은 시간순으로 민수기의 가장 앞선 때, 즉 시내 산에서 성막 완공 후 가나안으로 출발하기 직전의 내용으로 유월절 명령의 준수와 불과 구름 기둥의 인도를 따라 가나안으로 행진을 시작하는 장면입니다. 하나님께서 구름 기둥과 불기둥으로 백성들을 인도하셨으며, 백성들도 구름 기둥과 불기둥을 통한 하나님의 명령에 순종했음을 전하는 말씀입니다.

**시 45편** 왕의 결혼식에서 부르던 축가입니다. 이 말씀은 왕이신 예수 그리스도와 결혼하게 되는 우리 성도들을 생각하게 합니다. 이는 궁극적으로 메시아의 결혼 곧 신랑이 되신 메시아와 그의 신부 된 순결한 교회와의 온전한 연합을 예시한 것이라고 할 수 있습니다.

**아 7장** 술람미 여인이 신랑인 솔로몬에게 제안하고 있는 말로, 한적한 곳에서 둘만의 깊은 사랑을 나누고자 하는 열망을 보여 주는 말씀입니다. 시부를 적극적으로 보여 주는 신랑, 신부의 아름다움을 노래하는 신랑 친구들, 그리고 행복한 신랑의 노래와 신부의 화답이 사랑의 하모니를 이루고 있습니다.

**히 7장** 그리스도의 모형인 멜기세덱의 제사장 직분이 혈통을 따른 레위 계통의 제사장 직분보다 우월함을 지적함으로써 예수 그리스도의 제사장 직분의 우월성을 가르치고 있습니다. 예수께서 우리를 위해 간구하시는 대제사장이 되시며, 예수를 통해 하나님께 나아가는 사람들을 온전히 구원하실 수 있음을 전하는 말씀입니다.

## 더 깊은 묵상

우리를 사랑하시는 예수님은 우리가 죄악에서 돌이켜 하나님의 품으로 돌아올 때까지 우리를 기다려 주셨습니다. 우리를 사랑하시는 까닭입니다. 예수님의 영원한 사랑, 한없는 사랑을 짝사랑으로 내버려 두어서는 안 됩니다. 우리를 기다리시는 예수님께 사모하는 마음으로, 간절한 기다림으로 손을 내밀어야 합니다. 믿음이란, 예수님의 기다림에 대해 손을 내미는 것, 예수님의 사랑에 대해 화답하는 것입니다.

## 기도와 적용

### 말씀기도

❶ 우리 삶의 모든 방향과 결정을 주님의 말씀에 두고, 인도하심을 따르게 하소서.
❷ 주를 믿기 이전의 어리석었던 삶의 방식을 끊고 주님께 속한 삶을 살게 하여 주소서.
❸ 우리를 위해 간구하시는 대제사장 되신 예수 그리스도를 날마다 따르게 하소서.

### 나의 적용

### 오늘의 감사

**믿음으로 감사**

**소망으로 감사**

**사랑으로 감사**

### 말씀암송

**시 45:6** 하나님이여 주의 [ ][ ]는 영원하며 주의 나라의 [ ]는 공평한 [ ]이니이다

## 말씀배경 지식

**히 7장**
멜기세덱과의 관계 속에서 그리스도의 대제사장직의 우월성을 입증한다. 멜기세덱이 아브라함보다 우월하다는 점을 그의 축복권과 십일조 수납 사실을 들어 밝히고, 멜기세덱은 장차 오실 그리스도에 대한 모형임을 밝힌다. 아울러 제한된 아론의 제사장직에 비해 멜기세덱의 제사장은 최종적인 것으로 따라서 멜기세덱의 반차를 좇는 그리스도의 제사장직은 본질적으로 우월하다고 논증한다.

123 일차 365

5월 3일

# 이김

**민수기 10장 | 시편 46-47편 | 아가 8장 | 히브리서 8장**

## 말씀 연결 승리와 피난처 (민 10, 시 46-47)

### 민수기 10장 | 승리를 위해 나팔 준비와 행진

10:2 은 나팔 둘을 만들되 두들겨 만들어서 그것으로 회중을 소집하며 진영을 출발하게 할 것이라

10:8 그 나팔은 아론의 자손인 제사장들이 불지니 이는 너희 대대에 영원한 율례니라

10:10 또 너희의 희락의 날과 너희가 정한 절기와 초하루에는 번제물을 드리고 화목제물을 드리며 나팔을 불라 그로 말미암아 너희의 하나님이 너희를 기억하시리라 나는 너희의 하나님 여호와니라

10:29 모세가 모세의 장인 미디안 사람 르우엘의 아들 호밥에게 이르되 여호와께서 주마 하신 곳으로 우리가 행진하나니 우리와 동행하자 그리하면 선대하리라 여호와께서 이스라엘에게 복을 내리리라 하셨느니라

10:33 그들이 여호와의 산에서 떠나 삼 일 길을 갈 때에 여호와의 언약궤가 그 삼 일 길에 앞서 가며 그들의 쉴 곳을 찾았고

### 시편 46-47편 | 하나님은 우리의 피난처임

46:1 하나님은 우리의 피난처시요 힘이시니 환난 중에 만날 큰 도움이시라

47:1 너희 만민들아 손바닥을 치고 즐거운 소리로 하나님께 외칠지어다

47:7 하나님은 온 땅의 왕이심이라 지혜의 시로 찬송할지어다

47:9 뭇 나라의 고관들이 모임이여 아브라함의 하나님의 백성이 되도다 세상의 모든 방패는 하나님의 것임이여 그는 높임을 받으시리로다

오늘의 찬양
**찬송가 351장 | 믿는 사람들은 주의 군사니**

맥체인성경365
691p

## 말씀 연결 사랑의 중보자 (아 8, 히 8)

### 아가 8장 | 사랑으로 이김

8:4 예루살렘 딸들아 내가 너희에게 부탁한다 내 사랑하는 자가 원하기 전에는
흔들지 말며 깨우지 말지니라

8:5 그의 사랑하는 자를 의지하고 거친 들에서 올라오는 여자가 누구인가 너로
말미암아 네 어머니가 고생한 곳 너를 낳은 자가 애쓴 그 곳 사과나무 아래에서
내가 너를 깨웠노라

8:8 우리에게 있는 작은 누이는 아직도 유방이 없구나 그가 청혼을 받는 날에는
우리가 그를 위하여 무엇을 할까

8:9 그가 성벽이라면 우리는 은 망대를 그 위에 세울 것이요 그가 문이라면 우리
는 백향목 판자로 두르리라

8:11 솔로몬이 바알하몬에 포도원이 있어 지키는 자들에게 맡겨 두고 그들로 각
기 그 열매로 말미암아 은 천을 바치게 하였구나

8:14 내 사랑하는 자야 너는 빨리 달리라 향기로운 산 위에 있는 노루와도 같고
어린 사슴과도 같아라

### 히브리서 8장 | 더 좋은 언약의 중보자

8:2 성소와 참 장막에서 섬기는 이시라 이 장막은 주께서 세우신 것이요 사람이 세
운 것이 아니니라

8:7 저 첫 언약이 무흠하였더라면 둘째 것을 요구할 일이 없었으려니와

8:8 그들의 잘못을 지적하여 말씀하시되 주께서 이르시되 볼지어다 날이 이르리
니 내가 이스라엘 집과 유다 집과 더불어 새 언약을 맺으리라

## 묵상 가이드

**민 10장** 시내 광야에서 1년여의 체류 끝에 마침내 그곳을 떠나 바란 광야까지 행진하는 장면입니다. 이스라엘 백성들의 길을 하나님께서 인도하셨고, 백성들은 여호와의 언약궤와 구름을 보며 하나님의 인도하심을 따랐습니다. 주를 따름으로 누리는 평안을 보여 주고 있습니다.

**시 46-47편** 46편은 유다 왕 히스기야가 앗수르 왕 산헤립의 침공으로 위기에 처했을 때 하나님의 도움으로 구원받은 사건을 배경으로 한 찬양시입니다. 그리고 47편은 이스라엘 신년절에 공식적으로 사용되던 찬양시이자 그리스도의 영광스러운 승리를 예언하는 시로 보기도 합니다.

**아 8장** 신랑과 신부는 사랑의 성숙함이 최고조에 이르렀음을 나타내는 증거로서 신부의 고향인 친정을 방문하게 됩니다. 주님의 강력한 사랑은 우리를 향해 영원토록 계속되고, 끊어지지 않는 영원한 사랑으로 인해 우리는 평안할 수 있다는 것을 보여 줍니다.

**히 8장** 예수 그리스도의 사역이 우월함을 가르쳐 주고 있습니다. 예수 그리스도께서 새 언약의 중보자가 되셨다는 말씀입니다. 따라서 예수 그리스도를 통한 새 언약으로 생명과 구원을 얻고, 이를 통해 평안을 누릴 수 있습니다.

## 더 깊은 묵상

오직 하나님 안에서 평안함을 누릴 수 있습니다. 피난처 되신 주님께 피하며 앞장서 인도하시는 주님을 따름으로 환난과 위험을 이기고 평안할 수 있습니다. 끊을 수 없는 하나님의 사랑과 새 언약의 중보자 되신 예수님의 은혜로 구원과 생명을 누리며 평안할 수 있습니다.

## 기도와 적용

### 말씀기도

❶ 광야 같은 인생의 길을 인도하시는 주님을 믿음으로 따라 평안의 삶을 살게 하소서.
❷ 끊을 수 없는 주님의 사랑을 기억하며 그 사랑에 응답하게 하소서.
❸ 새 언약의 중보자 되신 예수 그리스도 안에서 은혜와 생명과 구원의 축복을 날마다 누리게 하소서.

### 나의 적용

### 오늘의 감사

믿음으로 감사

소망으로 감사

사랑으로 감사

### 말씀암송

**시 46:1** 하나님은 우리의 ☐☐☐시요 ☐이시니 환난 중에 만날 큰 ☐☐이시라

## 말씀배경 지식

**아 1-8장**
'죽음 같은 강한 사랑'이다. 그 무엇으로도 이런 사랑을 방해할 수는 없다. 인간의 사랑도 이러할진대 성도를 향한 그리스도의 사랑이야말로 얼마나 크고 강하겠는가? 아가를 통해 예수 그리스도의 사랑을 생각하게 된다.

# 124 일차 365

# 진노에서 구원

## 5월 4일

**민수기 11장 | 시편 48편 | 이사야 1장 | 히브리서 9장**

### 말씀 연결 진노와 구원의 찬양 (민 11, 시 48)

#### 민수기 11장 | 진노의 원인

11:5 우리가 애굽에 있을 때에는 값없이 생선과 오이와 참외와 부추와 파와 마
늘들을 먹은 것이 생각나거늘

11:7 만나는 깟씨와 같고 모양은 진주와 같은 것이라

11:17 내가 강림하여 거기서 너와 말하고 네게 임한 영을 그들에게도 임하게 하
리니 그들이 너와 함께 백성의 짐을 담당하고 너 혼자 담당하지 아니하리라

11:18 또 백성에게 이르기를 너희의 몸을 거룩히 하여 내일 고기 먹기를 기다리
라 너희가 울며 이르기를 누가 우리에게 고기를 주어 먹게 하랴 애굽에 있을 때
가 우리에게 좋았다 하는 말이 여호와께 들렸으므로 여호와께서 너희에게 고기
를 주어 먹게 하실 것이라

11:21 모세가 이르되 나와 함께 있는 이 백성의 보행자가 육십만 명이온데 주의
말씀이 한 달 동안 고기를 주어 먹게 하겠다 하시오니

11:23 여호와께서 모세에게 이르시되 여호와의 손이 짧으냐 네가 이제 내 말이
네게 응하는 여부를 보리라

11:25 여호와께서 구름 가운데 강림하사 모세에게 말씀하시고 그에게 임한 영
을 칠십 장로에게도 임하게 하시니 영이 임하신 때에 그들이 예언을 하다가 다시
는 하지 아니하였더라

11:31 바람이 여호와에게서 나와 바다에서부터 메추라기를 몰아 진영 곁 이쪽
저쪽 곧 진영 사방으로 각기 하룻길 되는 지면 위 두 규빗쯤에 내리게 한지라

11:32 백성이 일어나 그 날 종일 종야와 그 이튿날 종일토록 메추라기를 모으니
적게 모은 자도 열 호멜이라 그들이 자기들을 위하여 진영 사면에 펴 두었더라

#### 시편 48편 | 구원의 하나님 찬양

48:1 여호와는 위대하시니 우리 하나님의 성, 거룩한 산에서 극진히 찬양 받으
시리로다

48:4 왕들이 모여서 함께 지나갔음이여

48:11 주의 심판으로 말미암아 시온 산은 기뻐하고 유다의 딸들은 즐거워할지
어다

오늘의 찬양
찬송가 276장 | 아버지여 이 죄인을

맥체인성경365
695p

## 말씀 연결 죄와 속죄 (사 1, 히 9)

### 이사야 1장 | 죄와 진노

1:2 하늘이여 들으라 땅이여 귀를 기울이라 여호와께서 말씀하시기를 내가 자식
을 양육하였거늘 그들이 나를 거역하였도다

1:4 슬프다 범죄한 나라요 허물 진 백성이요 행악의 종자요 행위가 부패한 자식
이로다 그들이 여호와를 버리며 이스라엘의 거룩하신 이를 만홀히 여겨 멀리하
고 물러갔도다

1:15 너희가 손을 펼 때에 내가 내 눈을 너희에게서 가리고 너희가 많이 기도할
지라도 내가 듣지 아니하리니 이는 너희의 손에 피가 가득함이라

1:17 선행을 배우며 정의를 구하며 학대 받는 자를 도와 주며 고아를 위하여 신
원하며 과부를 위하여 변호하라 하셨느니라

1:21 신실하던 성읍이 어찌하여 창기가 되었는고 정의가 거기에 충만하였고 공
의가 그 가운데에 거하였더니 이제는 살인자들뿐이로다

1:29 너희가 기뻐하던 상수리나무로 말미암아 너희가 부끄러움을 당할 것이요
너희가 택한 동산으로 말미암아 수치를 당할 것이며

### 히브리서 9장 | 영원한 속죄

9:9 이 장막은 현재까지의 비유니 이에 따라 드리는 예물과 제사는 섬기는 자를 그
양심상 온전하게 할 수 없나니

9:11 그리스도께서는 장래 좋은 일의 대제사장으로 오사 손으로 짓지 아니한 것
곧 이 창조에 속하지 아니한 더 크고 온전한 장막으로 말미암아

9:12 염소와 송아지의 피로 하지 아니하고 오직 자기의 피로 영원한 속죄를 이루
사 단번에 성소에 들어가셨느니라

9:24 그리스도께서는 참 것의 그림자인 손으로 만든 성소에 들어가지 아니하시고
바로 그 하늘에 들어가사 이제 우리를 위하여 하나님 앞에 나타나시고

9:28 이와 같이 그리스도도 많은 사람의 죄를 담당하시려고 단번에 드리신 바 되셨
고 구원에 이르게 하기 위하여 죄와 상관 없이 자기를 바라는 자들에게 두 번째 나
타나시리라

## 묵상 가이드

**민 11장** 광야 여정이 본격적으로 진행되자 백성 중에서 원망과 불평이 생겨나기 시작했는데 이에 대해 하나님은 메추라기를 보내심으로 원망을 잠재우셨습니다. 백성들의 원망이 하나님의 진노로 이어졌지만, 모세의 기도를 들으시고 진노를 거두시는 것을 보여 줍니다.

**시 48편** 하나님의 성소가 있는 예루살렘 성의 아름다움과 견고함을 노래한 시입니다. 주님의 심판이 하나님 편에 선 사람들에게 승리이고 구원이고 축복임을 보여 주는 말씀입니다.

**사 1장** 이사야가 활동하던 북왕국 이스라엘이 앗수르에 패망하고 남왕국 유다 역시 앗수르의 위협에 놓인 상황에서도 유다는 온 백성이 죄에 오염되어 있었습니다. 이런 유다의 현실을 개탄하여 위선적인 신앙 행태를 지적하며 하나님께서 원하시는 것은 형식적인 제사와 제물이 아니라는 것임을 가르쳐주는 말씀입니다.

**히 9장** 예수 그리스도의 사역이 완전한 이유를 보여 줍니다. 대제사장으로 오신 예수 그리스도께서 친히 희생 제물이 되어 십자가에서 피 흘리셨고, 그 피가 우리의 영원한 속죄를 이룸으로 우리의 죄를 씻고 하나님의 심판을 피하는 유일한 길은 예수 그리스도의 피밖에 없다는 것을 보여 줍니다.

## 더 깊은 묵상

우리에게 하나님의 심판이 고통이 아닌 기쁨이 돼야 합니다. 따라서 죄에서 돌이켜 하나님께서 기뻐하시는 의와 사랑의 삶을 살아가야 합니다. 믿음으로 하나님 편에 서서 오직 예수 그리스도의 피만이 영원한 속죄를 이루는 것을 깨닫고, 그 피를 믿고 의지해야 합니다.

## 기도와 적용

### 말씀기도

❶ 믿음으로 하나님 편에 서서 하나님의 심판이 승리요 기쁨이 되게 하소서.
❷ 형식적 예배에서 돌이켜 회개하며 하나님께서 원하시는 의와 사랑의 삶을 살게 하소서.
❸ 오직 그리스도의 피로 속죄함을 얻게 됨을 깨닫고 의지하게 하소서.

### 나의 적용

### 오늘의 감사

**믿음으로 감사**

**소망으로 감사**

**사랑으로 감사**

### 말씀암송

**사 1:2** [ ][ ]이여 들으라 [ ]이여 귀를 기울이라 여호와께서 말씀하시기를 내가 [ ][ ]을 양육하였거늘 그들이 나를 거역하였도다

### 말씀배경 지식

**이사야서의 시대 배경**
북왕국 이스라엘의 멸망 이후, 남왕국 유다의 히스기야 왕 통치 중간 시대이다. 당시 유다는 구력이 쇠퇴기에 들어섰으며 종교적, 사회적 부패가 만연했다. 설상가상으로 주변 강대국들의 급속한 부상은 유다에게 큰 위협이 되었다. 이러한 시기에 활동했던 이사야는 먼저 유다의 비참한 상태와 죄악상을 일깨워 준다. 그리고 그러한 상태가 하나님에 대한 범죄에서 비롯되었다는 사실을 강조한다.

125 일차/365

5월 5일

# 하나님은 나의 땅

민수기 12-13장 | 시편 49편 | 이사야 2장 | 히브리서 10장

## 말씀 연결 약속과 선택 (민 12-13, 시 49)

### 민수기 12-13장 | 약속된 땅의 정탐

12:8 그와는 내가 대면하여 명백히 말하고 은밀한 말로 하지 아니하며 그는 또 여호와의 형상을 보거늘 너희가 어찌하여 내 종 모세 비방하기를 두려워하지 아니하느냐

12:14 여호와께서 모세에게 이르시되 그의 아버지가 그의 얼굴에 침을 뱉었을지라도 그가 이레 동안 부끄러워하지 않겠느냐 그런즉 그를 진영 밖에 이레 동안 가두고 그 후에 들어오게 할지니라 하시니

13:2 사람을 보내어 내가 이스라엘 자손에게 주는 가나안 땅을 정탐하게 하되 그들의 조상의 가문 각 지파 중에서 지휘관 된 자 한 사람씩 보내라

13:26 바란 광야 가데스에 이르러 모세와 아론과 이스라엘 자손의 온 회중에게 나아와 그들에게 보고하고 그 땅의 과일을 보이고

13:32 이스라엘 자손 앞에서 그 정탐한 땅을 악평하여 이르되 우리가 두루 다니며 정탐한 땅은 그 거주민을 삼키는 땅이요 거기서 본 모든 백성은 신장이 장대한 자들이며

13:33 거기서 네피림 후손인 아낙 자손의 거인들을 보았나니 우리는 스스로 보기에도 메뚜기 같으니 그들이 보기에도 그와 같았을 것이니라

### 시편 49편 | 어리석은 자의 선택

49:3 내 입은 지혜를 말하겠고 내 마음은 명철을 작은 소리로 읊조리리로다

49:7 아무도 자기의 형제를 구원하지 못하며 그를 위한 속전을 하나님께 바치지도 못할 것은

49:8 그들의 생명을 속량하는 값이 너무 엄청나서 영원히 마련하지 못할 것임이니라

49:11 그러나 그들의 속 생각에 그들의 집은 영원히 있고 그들의 거처는 대대에 이르리라 하여 그들의 토지를 자기 이름으로 부르도다

49:18 그가 비록 생시에 자기를 축하하며 스스로 좋게 함으로 사람들에게 칭찬을 받을지라도

오늘의 찬양
찬송가 454장 | 주와 같이 되기를

맥체인성경365
700p

## 말씀 연결 땅의 약속과 길 (사 2, 히 10)

### 이사야 2장 | 전쟁 없는 땅의 약속

2:2 말일에 여호와의 전의 산이 모든 산 꼭대기에 굳게 설 것이요 모든 작은 산 위에 뛰어나리니 만방이 그리로 모여들 것이라

2:4 그가 열방 사이에 판단하시며 많은 백성을 판결하시리니 무리가 그들의 칼을 쳐서 보습을 만들고 그들의 창을 쳐서 낫을 만들 것이며 이 나라와 저 나라가 다시는 칼을 들고 서로 치지 아니하며 다시는 전쟁을 연습하지 아니하리라

2:6 주께서 주의 백성 야곱 족속을 버리셨음은 그들에게 동방 풍속이 가득하며 그들이 블레셋 사람들 같이 점을 치며 이방인과 더불어 손을 잡아 언약하였음이라

2:10 너희는 바위 틈에 들어가며 진토에 숨어 여호와의 위엄과 그 광대하심의 영광을 피하라

2:20 사람이 자기를 위하여 경배하려고 만들었던 은 우상과 금 우상을 그 날에 두더지와 박쥐에게 던지고

### 히브리서 10장 | 하나님께 나아갈 길

10:4 이는 황소와 염소의 피가 능히 죄를 없이 하지 못함이라

10:16 주께서 이르시되 그 날 후로는 그들과 맺을 언약이 이것이라 하시고 내 법을 그들의 마음에 두고 그들의 생각에 기록하리라 하신 후에

10:20 그 길은 우리를 위하여 휘장 가운데로 열어 놓으신 새로운 살 길이요 휘장은 곧 그의 육체니라

10:22 우리가 마음에 뿌림을 받아 악한 양심으로부터 벗어나고 몸은 맑은 물로 씻음을 받았으니 참 마음과 온전한 믿음으로 하나님께 나아가자

10:26 우리가 진리를 아는 지식을 받은 후 짐짓 죄를 범한즉 다시 속죄하는 제사가 없고

10:32 전날에 너희가 빛을 받은 후에 고난의 큰 싸움을 견디어 낸 것을 생각하라

10:36 너희에게 인내가 필요함은 너희가 하나님의 뜻을 행한 후에 약속하신 것을 받기 위함이라

10:37 잠시 잠깐 후면 오실 이가 오시리니 지체하지 아니하시리라

**묵상 가이드**

**민 12-13장** 12장에서는 지도자들의 불평과 불만에 대해 기록하고 있고, 13장에서는 가나안 땅의 형편을 살피기 위해 열두 명의 정탐꾼이 40일간 실사 끝에 상반된 보고를 전하는 장면이 나옵니다. 같은 상황을 놓고 믿음의 눈으로 보느냐, 불신의 눈으로 보느냐에 따라 그 결과는 엄청난 차이를 드러내는 것을 보여 줍니다.

**시 49편** 재물을 자기 신으로 삼고 살아가는 자의 어리석음을 보여 주는 교훈과 지혜를 보여 줍니다. 내생을 준비하지 않고 이 땅에 제한된 소망으로 사는 자들처럼 허무하고 어리석은 존재가 없다는 것입니다.

**사 2장** 우상을 의지하는 이스라엘 백성들에게 임할 심판을 전하는 말씀입니다. 하나님의 심판의 날에 자신들을 구원하리라 믿고 경배했던 은금 우상들이 아무 힘이 되지 못해, 두더지와 박쥐에게 던져 버리게 된다는 것을 보여 주고 있습니다.

**히 10장** 그림자에 불과한 구약 제사의 한계와 예수 그리스도의 사역과 제사의 완전성, 예수 그리스도가 세우신 새 언약의 우월성과 새 언약 시대에 사는 성도의 특권과 책임을 말씀하고 있습니다.

**더 깊은 묵상**

우상과 은금 재물로는 구원에 이를 수 없습니다. 율법으로도 온전히 생명에 이를 수 없습니다. 구원과 생명을 위해 우상과 은금 재물에서 돌이켜 하나님을 경외하고 의지해야 하고, 율법이 아닌 예수 그리스도의 보혈을 힘입어야 합니다. 내 생각과 판단이 아닌 하나님의 약속을 믿음으로 승리의 삶을 살아갈 수 있습니다.

## 기도와 적용

### 말씀기도

❶ 우리 눈에 보이는 상황과 우리의 판단보다 하나님의 약속을 믿고 붙들게 하소서.
❷ 재물의 한계를 바로 깨달아 재물에 마음 빼앗기지 않게 하소서.
❸ 주의 보혈을 의지하고 힘입어 온전한 생명에 이르게 하소서.

### 나의 적용

### 오늘의 감사

**믿음으로 감사**

**소망으로 감사**

**사랑으로 감사**

### 말씀암송

**히 10:36** 너희에게 [ ][ ]가 필요함은 너희가 하나님의 뜻을 행한 후에 [ ][ ]하신 것을 받기 위함이라

## 말씀배경 지식

**이사야 선지자**
암담한 시대에 이사야는 메시야의 날과 그의 통치에 대한 비전을 제시한다. 그때는 길과 창 같은 무기가 아닌 하나님의 말씀이 세상을 지배하는 시대가 될 것이라고 예언한다. 이사야는 여호와의 날에 임할 하나님의 심판을 선포했는데, 곧 우상 숭배에 대한 엄중한 경고와 종말에 임할 우상 숭배자들에 대한 심판을 예언했다.

126 일차 365

# 생존과 죽음

5월 6일

**민수기 14장 | 시편 50편 | 이사야 3-4장 | 히브리서 11장**

## 말씀 연결 죽음 (민 14, 시 50)

### 민수기 14장 | 죽음과 생존의 모습

14:1 온 회중이 소리를 높여 부르짖으며 백성이 밤새도록 통곡하였더라

14:8 여호와께서 우리를 기뻐하시면 우리를 그 땅으로 인도하여 들이시고 그 땅을 우리에게 주시리라 이는 과연 젖과 꿀이 흐르는 땅이니라

14:18 여호와는 노하기를 더디하시고 인자가 많아 죄악과 허물을 사하시나 형벌 받을 자는 결단코 사하지 아니하시고 아버지의 죄악을 자식에게 갚아 삼사대까지 이르게 하리라 하셨나이다

14:22 내 영광과 애굽과 광야에서 행한 내 이적을 보고서도 이같이 열 번이나 나를 시험하고 내 목소리를 청종하지 아니한 그 사람들은

14:24 그러나 내 종 갈렙은 그 마음이 그들과 달라서 나를 온전히 따랐은즉 그가 갔던 땅으로 내가 그를 인도하여 들이리니 그의 자손이 그 땅을 차지하리라

14:37 곧 그 땅에 대하여 악평한 자들은 여호와 앞에서 재앙으로 죽었고

14:39 모세가 이 말로 이스라엘 모든 자손에게 알리매 백성이 크게 슬퍼하여

14:45 아말렉인과 산간지대에 거주하는 가나안인이 내려와 그들을 무찌르고 호르마까지 이르렀더라

### 시편 50편 | 죽음과 생존의 모습 (2)

50:1 전능하신 이 여호와 하나님께서 말씀하사 해 돋는 데서부터 지는 데까지 세상을 부르셨도다

50:5 이르시되 나의 성도들을 내 앞에 모으라 그들은 제사로 나와 언약한 이들이니라 하시도다

50:8 나는 네 제물 때문에 너를 책망하지는 아니하리니 네 번제가 항상 내 앞에 있음이로다

50:16 악인에게는 하나님이 이르시되 네가 어찌하여 내 율례를 전하며 내 언약을 네 입에 두느냐

오늘의 찬양
찬송가 342장 | 너 시험을 당해

맥체인성경365
706p

## 말씀 연결 죽음과 생명 (사 3-4, 히 11)

### 이사야 3-4장 | 죽음과 생존의 모습 (3)

3:2 용사와 전사와 재판관과 선지자와 복술자와 장로와

3:12 내 백성을 학대하는 자는 아이요 다스리는 자는 여자들이라 내 백성이여
네 인도자들이 너를 유혹하여 네가 다닐 길을 어지럽히느니라

3:14 여호와께서 자기 백성의 장로들과 고관들을 심문하러 오시리니 포도원을
삼킨 자는 너희이며 가난한 자에게서 탈취한 물건이 너희의 집에 있도다

3:15 어찌하여 너희가 내 백성을 짓밟으며 가난한 자의 얼굴에 맷돌질하느냐 주
만군의 여호와 내가 말하였느니라 하시도다

3:20 화관과 발목 사슬과 띠와 향합과 호신부와

4:5 여호와께서 거하시는 온 시온 산과 모든 집회 위에 낮이면 구름과 연기, 밤이
면 화염의 빛을 만드시고 그 모든 영광 위에 덮개를 두시며

### 히브리서 11장 | 믿음으로 사는 것이 생명

11:1 믿음은 바라는 것들의 실상이요 보이지 않는 것들의 증거니

11:13 이 사람들은 다 믿음을 따라 죽었으며 약속을 받지 못하였으되 그것들을 멀
리서 보고 환영하며 또 땅에서는 외국인과 나그네임을 증언하였으니

11:15 그들이 나온 바 본향을 생각하였더라면 돌아갈 기회가 있었으려니와

11:17 아브라함은 시험을 받을 때에 믿음으로 이삭을 드렸으니 그는 약속들을 받
은 자로되 그 외아들을 드렸느니라

11:22 믿음으로 요셉은 임종시에 이스라엘 자손들이 떠날 것을 말하고 또 자기 뼈
를 위하여 명하였으며

11:28 믿음으로 유월절과 피 뿌리는 예식을 정하였으니 이는 장자를 멸하는 자로
그들을 건드리지 않게 하려 한 것이며

11:37 돌로 치는 것과 톱으로 켜는 것과 시험과 칼로 죽임을 당하고 양과 염소의
가죽을 입고 유리하여 궁핍과 환난과 학대를 받았으니

### 묵상 가이드

**민 14장** 하나님을 신뢰하지 못하고, 멸시하는 불신의 결과를 보여 줍니다. 10명의 불신앙적인 보고를 듣고 하나님의 약속을 믿지 않은 백성들, 더욱이 원망과 불평으로 하나님의 영광을 훼손하는 무리의 허물을 간과하지 않으신다는 것을 말씀하고 있습니다.

**시 50편** 예루살렘 성전 시대의 지도자이던 아삽의 시로 악인들의 불의함이 결코 숨겨질 수 없고, 하나님은 그 모든 행위를 모두 알고 계시며, 반드시 그 악한 행위를 심판하시기 때문에 신령과 진정으로 예배드려야 한다는 것을 보여 줍니다.

**사 3-4장** 3장에서는 좀 더 구체적인 하나님의 징벌이 소개됩니다. 그리고 4장에서는 그 심판과 더불어 시행될 예루살렘의 회복에 대한 소망에 찬 메시지가 소개됩니다. 하나님은 당신의 백성을 향해 멸망을 목적으로 한 것이 아니라 범죄 한 그들을 돌이켜 바로 세우는 것이 목적임을 보여 주고 있습니다.

**히브리서 11장** 믿음의 본질을 정의한 후 환난 중에도 믿을 지킨 신앙 선열들의 용기 있는 삶을 사례로 들어 믿음으로 주의 놀라운 일을 경험하고 나타내며 승리의 삶을 살아갈 수 있고, 무엇보다 믿음으로 온전한 구원을 경험할 수 있음을 보여 줍니다.

### 더 깊은 묵상

하나님을 불신하고 거역하며 불의를 행한 결과는 심판이지만, 끝까지 하나님의 약속을 믿고 의를 행한 결과는 은혜입니다. 무엇보다 예수 그리스도를 믿는 믿음의 결과는 온전한 구원입니다. 따라서 불신과 불의에서 돌이켜 믿음을 가져야 합니다.

## 기도와 적용

### 말씀기도

❶ 끝까지 하나님의 약속을 신뢰하여 구원을 확실한 약속으로 받게 하소서.
❷ 하나님 앞에서 불의함은 숨길 수 없음을 깨닫고 속히 불의함에서 돌이키게 하소서.
❸ 믿음으로 인정받으며 능력과 승리의 삶을 살아가게 하소서.

### 나의 적용

### 오늘의 감사

믿음으로 감사

소망으로 감사

사랑으로 감사

## 말씀암송

**민 14:8** 여호와께서 우리를 기뻐하시면 우리를 그 [ ]으로 인도하여 들이시고 그 [ ]을 우리에게 주시리라 이는 과연 [ ]과 [ ]이 흐르는 [ ]이니라

## 말씀배경 지식

**성경에서 '40'이라는 숫자**
다양한 상징성을 함축하고 있다. ① 연단과 시험 ②고통과 수난, 형벌 ③ 기다림과 순종 ④ 성숙과 지각 ⑤참회와 회복 등을 상징한다.

127 일차 365

5월 7일

# 하나님이 받으시는 제사와 제물

민수기 15장 | 시편 51편 | 이사야 5장 | 히브리서 12장

## 말씀 연결 드리는 제사, 구하는 제사 (민 15, 시 51)

### 민수기 15장 | 향기롭게 드리는 제사와 제물

15:3 여호와께 화제나 번제나 서원을 갚는 제사나 낙헌제나 정한 절기제에 소나 양을 여호와께 향기롭게 드릴 때에

15:16 너희에게나 너희 중에 거류하는 타국인에게나 같은 법도, 같은 규례이니라

15:20 너희의 처음 익은 곡식 가루 떡을 거제로 타작 마당의 거제 같이 들어 드리라

15:25 제사장이 이스라엘 자손의 온 회중을 위하여 속죄하면 그들이 사함을 받으리니 이는 그가 부지중에 범죄함이며 또 부지중에 범죄함으로 말미암아 헌물 곧 화제와 속죄제를 여호와께 드렸음이라

15:38 이스라엘 자손에게 명령하여 대대로 그들의 옷단 귀에 술을 만들고 청색 끈을 그 귀의 술에 더하라

### 시편 51편 | 하나님께서 구하시는 제사

51:4 내가 주께만 범죄하여 주의 목전에 악을 행하였사오니 주께서 말씀하실 때에 의로우시다 하고 주께서 심판하실 때에 순전하시다 하리이다

51:6 보소서 주께서는 중심이 진실함을 원하시오니 내게 지혜를 은밀히 가르치시리이다

51:10 하나님이여 내 속에 정한 마음을 창조하시고 내 안에 정직한 영을 새롭게 하소서

51:14 하나님이여 나의 구원의 하나님이여 피 흘린 죄에서 나를 건지소서 내 혀가 주의 의를 높이 노래하리이다

51:17 하나님께서 구하시는 제사는 상한 심령이라 하나님이여 상하고 통회하는 마음을 주께서 멸시하지 아니하시리이다

51:19 그 때에 주께서 의로운 제사와 번제와 온전한 번제를 기뻐하시리니 그 때에 그들이 수소를 주의 제단에 드리리이다

오늘의 찬양
**찬송가 260장 | 우리를 죄에서 구하시려**

맥체인성경365
**712p**

**말씀 연결** 하나님의 예배자의 삶 (사 5, 히 12)

### 이사야 5장 | 하나님이 기뻐하시는 사람

5:10 열흘 갈이 포도원에 겨우 포도주 한 바트가 나겠고 한 호멜의 종자를 뿌려
도 간신히 한 에바가 나리라 하시도다

5:14 그러므로 스올이 욕심을 크게 내어 한량 없이 그 입을 벌린즉 그들의 호화
로움과 그들의 많은 무리와 그들의 떠드는 것과 그 중에서 즐거워하는 자가 거기
에 빠질 것이라

5:17 그 때에는 어린 양들이 자기 초장에 있는 것 같이 풀을 먹을 것이요 유리하
는 자들이 부자의 버려진 밭에서 먹으리라

5:19 그들이 이르기를 그는 자기의 일을 속속히 이루어 우리에게 보게 할 것이
며 이스라엘의 거룩한 이는 자기의 계획을 속히 이루어 우리가 알게 할 것이라
하는도다

5:20 악을 선하다 하며 선을 악하다 하며 흑암으로 광명을 삼으며 광명으로 흑
암을 삼으며 쓴 것으로 단 것을 삼으며 단 것으로 쓴 것을 삼는 자들은 화 있을진
저

5:26 또 그가 기치를 세우시고 먼 나라들을 불러 땅 끝에서부터 자기에게로 오
게 하실 것이라 보라 그들이 빨리 달려올 것이로되

### 히브리서 12장 | 예배의 대상과 예배자의 삶

12:10 그들은 잠시 자기의 뜻대로 우리를 징계하였거니와 오직 하나님은 우리의
유익을 위하여 그의 거룩하심에 참여하게 하시느니라

12:12 그러므로 피곤한 손과 연약한 무릎을 일으켜 세우고

12:17 너희가 아는 바와 같이 그가 그 후에 축복을 이어받으려고 눈물을 흘리며
구하되 버린 바가 되어 회개할 기회를 얻지 못하였느니라

12:23 하늘에 기록된 장자들의 모임과 교회와 만민의 심판자이신 하나님과 및 온
전하게 된 의인의 영들과

묵상 가이드

**민 15장** 레위기 제사 규례의 보충적 내용으로 장차 들어갈 가나안 땅에서 출애굽 제2세대가 준수해야 할 각종 규례가 소개됩니다. 한편 이방인까지 참여할 수 있게 하는 제사법 제도를 통해 신앙의 보편성과 구원의 개방성이 암시되고 있습니다.

**시 51편** 다윗의 일상에서 가장 큰 오점이 된 우리아의 아내 밧세바와의 불륜과 남편 우리아를 전쟁터에서 죽게 한 이후, 선지자 나단이 그 범죄를 지적하고 책망했을 때, 깨닫고 통회하며 전심으로 회개한 기도입니다.

**사 5장** 하나님께서 유다를 혹독하게 다루실 수밖에 없는 이유를 밝히고 있습니다. 즉 포도원 농부로서 포도원을 애지중지하시는 하나님의 모습을 그리고 당신의 기대에 미치지 못한 백성의 패역상 및 백성이 저지른 각종 죄악상을 고발함으로 거룩함이 하나님의 뜻임을 보여 줍니다.

**히 12장** 믿음의 사람들을 향해 인내하면서 믿음의 경주를 하라고 권면하고 있습니다. 그리고 시련이 닥치더라도 그것을 주님이 주시는 연단으로 생각하고 물러서지 말라고 당부합니다. 그러나 혹시 시련을 이기지 못할 자가 생길 수 있음을 우려하여 배교자가 당할 하나님의 심판을 상기시키며 경고하고 있습니다.

더 깊은 묵상

하나님은 하나님이 백성이 하나님을 찾아 예배를 드리는 것을 기뻐하십니다. 그러나 하나님이 제사보다 더 기뻐하시는 것은 우리가 하나님의 모든 계명을 기억하고, 행하며 우리 하나님 앞에 거룩하게 사는 것입니다. 하나님께서 구하시는 제사는 상한 심령과 통회하는 마음입니다.

## 기도와 적용

### 말씀기도

❶ 하나님의 뜻은 거룩함임을 깨닫고, 힘써 거룩함에 힘쓰게 하소서.
❷ 징계를 통해 연단 받고 거룩함으로 세워져 의와 평강의 열매를 맺게 하소서.
❸ 상하고 통회하는 마음으로 주께 나아가 주의 은혜를 누리게 하소서.

### 나의 적용

### 오늘의 감사

믿음으로 감사

소망으로 감사

사랑으로 감사

### 말씀암송

**히 12:10** 그들은 잠시 자기의 뜻대로 우리를 ☐☐하였거니와 오직 하나님은 우리의 ☐☐을 위하여 그의 거룩하심에 참여하게 하시느니라

### 말씀배경 지식

**우슬초** (시 51:7)
박하과의 작고 털이 무성한 식물로 향기가 좋은 풀, 유월절 나병자 정결례, 어린 암송아지 제사 등에서 사용된 우슬초는 육신의 정결을 위한 수단으로 생각한다.

128 일차 365

# 포악한 씨와 거룩한 씨

5월 8일

민수기 16장 | 시편 52-54편 | 이사야 6장 | 히브리서 13장

**말씀 연결** 포악한 씨와 거룩한 씨 (민 16, 시 52- 54)

### 민수기 16장 | 당을 짓는 포악한 씨들

16:1 레위의 증손 고핫의 손자 이스할의 아들 고라와 르우벤 자손 엘리압의 아들 다단과 아비람과 벨렛의 아들 온이 당을 짓고

16:14 이뿐 아니라 네가 우리를 젖과 꿀이 흐르는 땅으로 인도하여 들이지도 아니하고 밭도 포도원도 우리에게 기업으로 주지 아니하니 네가 이 사람들의 눈을 빼려느냐 우리는 올라가지 아니하겠노라

16:17 너희는 제각기 향로를 들고 그 위에 향을 얹고 각 사람이 그 향로를 여호와 앞으로 가져오라 향로는 모두 이백오십 개라 너와 아론도 각각 향로를 가지고 올지니라

16:19 고라가 온 회중을 회막 문에 모아 놓고 그 두 사람을 대적하려 하매 여호와의 영광이 온 회중에게 나타나시니라

16:30 만일 여호와께서 새 일을 행하사 땅이 입을 열어 이 사람들과 그들의 모든 소유물을 삼켜 산 채로 스올에 빠지게 하시면 이 사람들이 과연 여호와를 멸시한 것인 줄을 너희가 알리라

16:35 여호와께로부터 불이 나와서 분향하는 이백오십 명을 불살랐더라

### 시편 52-54편 | 악한 계획을 자랑하는 포악한 씨들과 거룩한 씨들을 도우시는 하나님

52:2 네 혀가 심한 악을 꾀하여 날카로운 삭도 같이 간사를 행하는도다

52:4 간사한 혀여 너는 남을 해치는 모든 말을 좋아하는도다

53:1 어리석은 자는 그의 마음에 이르기를 하나님이 없다 하도다 그들은 부패하며 가증한 악을 행함이여 선을 행하는 자가 없도다

53:3 각기 물러가 함께 더러운 자가 되고 선을 행하는 자 없으니 한 사람도 없도다

54:1 하나님이여 주의 이름으로 나를 구원하시고 주의 힘으로 나를 변호하소서

54:3 낯선 자들이 일어나 나를 치고 포악한 자들이 나의 생명을 수색하며 하나님을 자기 앞에 두지 아니하였음이니이다 (셀라)

54:6 내가 낙헌제로 주께 제사하리이다 여호와여 주의 이름에 감사하오리니 주의 이름이 선하심이니이다

오늘의 찬양
찬송가 273장 | 나 주를 멀리 떠났다

맥체인성경365
718p

## 말씀 연결 거룩한 씨의 삶 (사 6, 히 13)

### 이사야 6장 | 하나님이 찾으시는 거룩한 씨

6:1 웃시야 왕이 죽던 해에 내가 본즉 주께서 높이 들린 보좌에 앉으셨는데 그의 옷자락은 성전에 가득하였고

6:2 스랍들이 모시고 섰는데 각기 여섯 날개가 있어 그 둘로는 자기의 얼굴을 가리었고 그 둘로는 자기의 발을 가리었고 그 둘로는 날며

6:6 그 때에 그 스랍 중의 하나가 부젓가락으로 제단에서 집은 바 핀 숯을 손에 가지고 내게로 날아와서

6:13 그 중에 십분의 일이 아직 남아 있을지라도 이것도 황폐하게 될 것이나 밤나무와 상수리나무가 베임을 당하여도 그 그루터기는 남아 있는 것 같이 거룩한 씨가 이 땅의 그루터기니라 하시더라

### 히브리서 13장 | 거룩한 씨의 삶

13:2 손님 대접하기를 잊지 말라 이로써 부지중에 천사들을 대접한 이들이 있었느니라

13:5 돈을 사랑하지 말고 있는 바를 족한 줄로 알라 그가 친히 말씀하시기를 내가 결코 너희를 버리지 아니하고 너희를 떠나지 아니하리라 하셨느니라

13:7 하나님의 말씀을 너희에게 일러 주고 너희를 인도하던 자들을 생각하며 그들의 행실의 결말을 주의하여 보고 그들의 믿음을 본받으라

13:10 우리에게 제단이 있는데 장막에서 섬기는 자들은 그 제단에서 먹을 권한이 없나니

13:12 그러므로 예수도 자기 피로써 백성을 거룩하게 하려고 성문 밖에서 고난을 받으셨느니라

13:19 내가 더 속히 너희에게 돌아가기 위하여 너희가 기도하기를 더욱 원하노라

13:20 양들의 큰 목자이신 우리 주 예수를 영원한 언약의 피로 죽은 자 가운데서 이끌어 내신 평강의 하나님이

13:23 우리 형제 디모데가 놓인 것을 너희가 알라 그가 속히 오면 내가 그와 함께 가서 너희를 보리라

### 묵상 가이드

**민 16장** 모세와 아론을 거슬러 당을 짓고 반역을 일으킨 고라와 그 무리에게 내린 심판의 말씀입니다. 하나님께서 진노하셔서 분향하는 중 하나님의 불로 심판하셨습니다. 하나님 앞에 분향하며 드린 예배가 오히려 심판에 이르게 했습니다.

**시 52-54편** 원수의 공격 속에서 생명의 위협을 느끼면서도 믿음으로 하나님께 도움을 구하는 다윗의 고백과 결단을 볼 수 있는 말씀입니다. 곧 하나님의 도우심과 구원을 확신하며 하나님께 낙헌제를 드리며 감사하겠다고 고백하고 있습니다.

**사 6장** 백성의 죄악과 그로 인한 심판을 다급한 음성으로 전한 이사야가 성전에서 예배하는 중, 성전에 임하신 하나님을 경험하고, 그 경험한 하나님을 통해 부정함과 죄를 씻고, 하나님께서 주시는 사명으로 결단하여 나아갔다는 말씀입니다.

**히 13장** 결론적으로 히브리서를 마감하면서 형제 사랑, 남녀 문제 등 사회생활에 관한 교훈과 교회 생활에 필요한 교훈을 제시한 뒤 자신을 위한 기도를 당부하고 있습니다. 진정 하나님께서 기뻐하시는 예배는 우리의 선함과 사랑의 삶을 함께 드리는 예배임을 보여 줍니다.

### 더 깊은 묵상

우리의 예배는 감사와 기쁨으로 드리는 예배이며, 선행과 나눔의 삶을 드리는 예배이어야 합니다. 예배를 통해 하나님의 용서와 생명을 경험해야 하고, 하나님께서 주시는 사명을 발견하고 그 길로 나아가야 합니다.

## 기도와 적용

### 말씀기도

❶ 고난과 두려움 속에서도 하나님의 도우심과 구원을 믿고 기쁨과 감사로 예배하게 하소서.
❷ 선행과 나눔의 삶으로 하나님께서 기뻐하시는 예배를 드리게 하소서.
❸ 예배를 통해 용서와 생명을 경험하며, 사명을 발견하고 결단하게 하소서.

### 나의 적용

### 오늘의 감사

**믿음으로 감사**

**소망으로 감사**

**사랑으로 감사**

### 말씀암송

**시 54:1** 하나님이여 주의 이름으로 나를 □□하시고 주의 힘으로 나를 □□하소서

### 말씀배경 지식

**고라와 그 무리들은 왜 모세와 아론을 비난했는가?**

고라는 모세와 아론의 지도적 위치를 시기하였다. 고라와 다른 대적자들, 곧 다단, 아비람, 온 등은 모세와 아론이 그들의 지도자적인 권위를 남용한다고 비난하였다. 하나님의 모든 백성들은 거룩하기 때문에 모세와 아론만이 이스라엘을 지도할 특별한 권위를 가진 것은 아니라는 것이 고라와 그 무리들의 논리였다. 하지만 그런 직무를 맡은 그의 서열은 제사장들 바로 다음이었다. 그러나 고라는 이런 위치에 만족하지 못하고, 모세와 아론이 가졌던 더 높은 지위를 원했다. 그것은 그릇된 명예욕에서 비롯된 사악한 탐심이었다.

새로운 일을 시작하는 용기 속에

꿈을 품고 무엇인가
다시 할 수 있다면
그것을 시작하라.
새로운 일을
시작하는 용기 속에
당신의 천재성과
능력과 기적이
모두 숨어 있다.

- 괴테 -

좋은글모음 160가지 / 선교횃불

129 일차 365

# 의인의 삶

5월 9일

**민수기 17-18장 | 시편 55편 | 이사야 7장 | 야고보서 1장**

## 말씀 연결 직무와 짐을 맡김 (민 17-18, 시 55)

### 민수기 17-18장 | 직무를 다함

**17:4** 그 지팡이를 회막 안에서 내가 너희와 만나는 곳인 증거궤 앞에 두라

**17:8** 이튿날 모세가 증거의 장막에 들어가 본즉 레위 집을 위하여 낸 아론의 지팡이에 움이 돋고 순이 나고 꽃이 피어서 살구 열매가 열렸더라

**17:10** 여호와께서 또 모세에게 이르시되 아론의 지팡이는 증거궤 앞으로 도로 가져다가 거기 간직하여 반역한 자에 대한 표징이 되게 하여 그들로 내게 대한 원망을 그치고 죽지 않게 할지니라

**18:3** 레위인은 네 직무와 장막의 모든 직무를 지키려니와 성소의 기구와 제단에는 가까이 하지 못하리니 두렵건대 그들과 너희가 죽을까 하노라

**18:8** 여호와께서 또 아론에게 이르시되 보라 내가 내 거제물 곧 이스라엘 자손이 거룩하게 한 모든 헌물을 네가 주관하게 하고 네가 기름 부음을 받았음으로 말미암아 그것을 너와 네 아들들에게 영구한 몫의 음식으로 주노라

**18:12** 그들이 여호와께 드리는 첫 소산 곧 제일 좋은 기름과 제일 좋은 포도주와 곡식을 네게 주었은즉

**18:19** 이스라엘 자손이 여호와께 거제로 드리는 모든 성물은 내가 영구한 몫의 음식으로 너와 네 자녀에게 주노니 이는 여호와 앞에 너와 네 후손에게 영원한 소금 언약이니라

**18:26** 너는 레위인에게 말하여 그에게 이르라 내가 이스라엘 자손에게 받아 너희에게 기업으로 준 십일조를 너희가 그들에게서 받을 때에 그 십일조의 십일조를 거제로 여호와께 드릴 것이라

### 시편 55편 | 모든 짐을 여호와께 맡김

**55:4** 내 마음이 내 속에서 심히 아파하며 사망의 위험이 내게 이르렀도다

**55:11** 악독이 그 중에 있고 압박과 속임수가 그 거리를 떠나지 아니하도다

**55:14** 우리가 같이 재미있게 의논하며 무리와 함께 하여 하나님의 집 안에서 다녔도다

**55:17** 저녁과 아침과 정오에 내가 근심하여 탄식하리니 여호와께서 내 소리를 들으시리로다

오늘의 찬양
**찬송가 342장 | 너 시험을 당해**

맥체인성경365
724p

## 말씀 연결 낙심과 시험 (사 7, 약 1)

### 이사야 7장 | 낙심하지 않음

7:2 어떤 사람이 다윗의 집에 알려 이르되 아람이 에브라임과 동맹하였다 하였으므로 왕의 마음과 그의 백성의 마음이 숲이 바람에 흔들림 같이 흔들렸더라

7:3 그 때에 여호와께서 이사야에게 이르시되 너와 네 아들 스알야숩은 윗못 수도 끝 세탁자의 밭 큰 길에 나가서 아하스를 만나

7:11 너는 네 하나님 여호와께 한 징조를 구하되 깊은 데에서든지 높은 데에서든지 구하라 하시니

7:14 그러므로 주께서 친히 징조를 너희에게 주실 것이라 보라 처녀가 잉태하여 아들을 낳을 것이요 그의 이름을 임마누엘이라 하리라

7:20 그 날에는 주께서 하수 저쪽에서 세내어 온 삭도 곧 앗수르 왕으로 네 백성의 머리 털과 발 털을 미실 것이요 수염도 깎으시리라

### 야고보서 1장 | 시험을 참음

1:1 하나님과 주 예수 그리스도의 종 야고보는 흩어져 있는 열두 지파에게 문안하노라

1:9 낮은 형제는 자기의 높음을 자랑하고

1:11 해가 돋고 뜨거운 바람이 불어 풀을 말리면 꽃이 떨어져 그 모양의 아름다움이 없어지나니 부한 자도 그 행하는 일에 이와 같이 쇠잔하리라

1:12 시험을 참는 자는 복이 있나니 이는 시련을 견디어 낸 자가 주께서 자기를 사랑하는 자들에게 약속하신 생명의 면류관을 얻을 것이기 때문이라

1:17 온갖 좋은 은사와 온전한 선물이 다 위로부터 빛들의 아버지께로부터 내려오나니 그는 변함도 없으시고 회전하는 그림자도 없으시니라

1:21 그러므로 모든 더러운 것과 넘치는 악을 내버리고 너희 영혼을 능히 구원할 바 마음에 심어진 말씀을 온유함으로 받으라

1:26 누구든지 스스로 경건하다 생각하며 자기 혀를 재갈 물리지 아니하고 자기 마음을 속이면 이 사람의 경건은 헛것이라

## 묵상 가이드

**민 17-18장** 아론의 대제사장직이 지닌 신적 권위를 밝혀주고 있습니다. 즉 반란자들을 죽음으로 다스리셨던 하나님은 아론의 지팡이에 싹이 나게 하심으로써 대제사장직이 범접할 수 없는 권위를 지니고 있음을 보여 주고 있습니다.

**시 55편** 다윗이 아들 압살롬의 반란으로 도피해야만 했던 참으로 수치스럽고 고통스러운 사건을 배경으로 하고 있습니다. 여기서 다윗은 오직 하나님만을 의지하며 모든 짐을 맡겨야 함을 고백하고 있습니다.

**사 7장** 북이스라엘 왕 베가와 아람 왕 르신은 자신들의 독립을 위협하던 앗수르에 대항하고자 유다 왕 아하스에게 동참을 요청합니다. 하나님은 겁에 질린 아하스에게 선지자를 통해 위로했지만, 아하스는 끝내 앗수르에 의지함으로써 심판을 면할 수 없게 됩니다. 하나님 없는 승리는 있을 수 없다는 것을 보여 줍니다.

**약 1장** 야고보서는 성도의 실천적 측면을 강조한 책으로 율법주의와 이방인의 박해로 인해 시련을 겪고 있는 유대 출신 성도들을 위해 기록되었습니다. 야고보는 고난의 의미를 밝히고 고난을 극복하는 방법과 고난의 원인을 말한 뒤 고난 중에서도 진리를 행하라고 권면하고 있습니다.

## 더 깊은 묵상

고난과 시련 중에도 하나님을 굳게 믿으면 됩니다. 모든 고난의 짐을 믿음으로 하나님께 맡기며 충성하면 됩니다. 그 시련이 계속된다고 할지라도 오히려 기뻐하며 믿음으로 인내하면 됩니다. 그 믿음이 우리를 성숙하게 하며 승리와 보상을 더 하게 합니다.

## 기도와 적용

### 말씀기도

❶ 하나님을 기업으로 삼고 충성하는 삶을 살게 하소서.
❷ 흔들리지 않는 믿음으로 주의 말씀을 붙들게 하시고, 그 말씀대로 이루어지게 하소서.
❸ 믿음의 시련 속에서 오히려 기뻐하며 성숙한 믿음의 사람으로 서게 하소서.

### 나의 적용

### 오늘의 감사

**믿음으로 감사**

**소망으로 감사**

**사랑으로 감사**

### 말씀암송

**약 1:12** 시험을 참는 자는 [ ]이 있나니 이는 시련을 견디어 낸 자가 주께서 자기를 사랑하는 자들에게 약속하신 [ ][ ]의 [ ][ ][ ]을 얻을 것이기 때문이라

## 말씀배경 지식

'임마누엘'이란 '하나님이 우리와 함께 계신다'는 뜻이다. 이 이름은 국가적 위기를 맞아 떨고 있던 야하스에게 주어진 격려성 징조로서 하나님이 다윗의 집안을 보존해 주실 것이라는 믿음의 상징적 표현이다. 또 죄인을 구원하시기 위해 이 땅에 오신 하나님, 곧 성육신하신 메시야 예수의 처녀 탄생으로 온전히 성취된다.

130 일차 365

5월 10일

# 하나님의 열심히 이루심

**민수기 19장 | 시편 56-57편 | 이사야 8장- 9장1-7절 | 야고보서 2장**

## 말씀 연결 정결과 간구함 (민 19, 시 56-57)

### 민수기 19장 | 자신을 정결하게 함

19:2 여호와께서 명령하시는 법의 율례를 이제 이르노니 이스라엘 자손에게 일러서 온전하여 흠이 없고 아직 멍에 메지 아니한 붉은 암송아지를 네게로 끌어오게 하고

19:6 동시에 제사장은 백향목과 우슬초와 홍색 실을 가져다가 암송아지를 사르는 불 가운데에 던질 것이며

19:12 그는 셋째 날과 일곱째 날에 잿물로 자신을 정결하게 할 것이라 그리하면 정하려니와 셋째 날과 일곱째 날에 자신을 정결하게 하지 아니하면 그냥 부정하니

19:13 누구든지 죽은 사람의 시체를 만지고 자신을 정결하게 하지 아니하는 자는 여호와의 성막을 더럽힘이라 그가 이스라엘에서 끊어질 것은 정결하게 하는 물을 그에게 뿌리지 아니하므로 깨끗하게 되지 못하고 그 부정함이 그대로 있음이니라

19:15 뚜껑을 열어 놓고 덮지 아니한 그릇은 모두 부정하니라

### 시편 56-57편 | 하나님의 은혜를 간구함

56:1 하나님이여 내게 은혜를 베푸소서 사람이 나를 삼키려고 종일 치며 압제하나이다

56:2 내 원수가 종일 나를 삼키려 하며 나를 교만하게 치는 자들이 많사오니

56:8 나의 유리함을 주께서 계수하셨사오니 나의 눈물을 주의 병에 담으소서 이것이 주의 책에 기록되지 아니하였나이까

56:12 하나님이여 내가 주께 서원함이 있사온즉 내가 감사제를 주께 드리리니

57:1 하나님이여 내게 은혜를 베푸소서 내게 은혜를 베푸소서 내 영혼이 주께로 피하되 주의 날개 그늘 아래에서 이 재앙들이 지나기까지 피하리이다

57:6 그들이 내 걸음을 막으려고 그물을 준비하였으니 내 영혼이 억울하도다 그들이 내 앞에 웅덩이를 팠으나 자기들이 그 중에 빠졌도다 (셀라)

57:8 내 영광아 깰지어다 비파야, 수금아, 깰지어다 내가 새벽을 깨우리로다

오늘의 찬양
**찬송가 393장 | 오 신실하신 주**

맥체인성경365
**730p**

## 말씀 연결 열심과 믿음 (사 8, 9:1-7, 약 2)

### 이사야 8장-9장 1-7절 | 만군의 여호와의 열심

8:1 여호와께서 내게 이르시되 너는 큰 서판을 가지고 그 위에 통용 문자로 마헬
살랄하스바스라 쓰라

8:4 이는 이 아이가 내 아빠, 내 엄마라 부를 줄 알기 전에 다메섹의 재물과 사마
리아의 노략물이 앗수르 왕 앞에 옮겨질 것임이라 하시니라

8:6 이 백성이 천천히 흐르는 실로아 물을 버리고 르신과 르말리야의 아들을 기
뻐하느니라

8:7 그러므로 주 내가 흉용하고 창일한 큰 하수 곧 앗수르 왕과 그의 모든 위력
으로 그들을 뒤덮을 것이라 그 모든 골짜기에 차고 모든 언덕에 넘쳐

8:17 이제 야곱의 집에 대하여 얼굴을 가리시는 여호와를 나는 기다리며 그를
바라보리라

9:1 전에 고통 받던 자들에게는 흑암이 없으리로다 옛적에는 여호와께서 스불론
땅과 납달리 땅이 멸시를 당하게 하셨더니 후에는 해변 길과 요단 저쪽 이방의
갈릴리를 영화롭게 하셨느니라

### 야고보서 2장 | 행함으로 온전하게 되는 믿음

2:6 너희는 도리어 가난한 자를 업신여겼도다 부자는 너희를 억압하며 법정으로
끌고 가지 아니하느냐

2:7 그들은 너희에게 대하여 일컫는 바 그 아름다운 이름을 비방하지 아니하느냐

2:17 이와 같이 행함이 없는 믿음은 그 자체가 죽은 것이라

2:22 네가 보거니와 믿음이 그의 행함과 함께 일하고 행함으로 믿음이 온전하게
되었느니라

2:25 또 이와 같이 기생 라합이 사자들을 접대하여 다른 길로 나가게 할 때에 행함
으로 의롭다 하심을 받은 것이 아니냐

## 묵상 가이드

**민 19장** 주검에 접촉한 자를 위한 정결의 물 만드는 법과 사용법입니다. 가데스와 고라 사건 이후 이스라엘 안에 많은 주검이 발생했고 그것을 접촉함으로써 부정이 다반사로 일어났기 때문에 이 법이 마련된 것으로 보입니다. 이 법은 결국 선민의 전인적인 성결의 중요성을 깨우치고 있습니다.

**시 56-57편** 시편 56편은 다윗이 지은 시 가운데서 황금시에 해당하는 특별한 시로 절망적인 순간에도 하나님께 온전한 보호와 구원을 호소하는 신앙을 보여 줍니다. 그리고 57편에서 의인은 원수들의 핍박 가운데서 하나님의 공의로운 행사에 대한 의인들의 기쁨을 노래합니다.

**사 8-9장 1-7절** 역사를 주관하시며 예언을 이루시는 하나님의 공의롭고 탁월한 경륜을 소개하며 유다의 배교에 대해 경고하고 있습니다. 그리고 19장 1-7에서는 인생의 한계를 극복하고 근본적인 인생 문제를 다루실 미래의 왕 메시야의 탄생을 예고하고 있습니다.

**약 2장** 성도들에게 시련 가운데서도 진리를 행하라고 권면하고 지위나 신분에 따라 차별하는 악한 습관을 배격하고 사람을 외모로 취하지 말라고 말씀하면서 행함 있는 믿음의 도를 가르쳐 주고 있습니다.

## 더 깊은 묵상

우리는 두려워하지 않을 수 있습니다. 하나님을 믿음으로 하나님의 나라가 약속되어 있고, 정결케 하시는 하나님의 은혜로 정결함을 지켜갈 수 있기 때문입니다. 진정 두려운 하나님이 우리와 함께하시고, 그 하나님을 의지할 수 있기에 두려워하지 않을 수 있습니다.

## 기도와 적용

### 말씀기도

❶ 주의 나라를 약속하신 하나님께 감사하며 더욱 믿음과 사랑의 삶을 살게 하소서.
❷ 주께서 열어 놓으신 정결함의 은혜를 놓치지 않게 하시고, 백성 가운데서 끊어지지 않게 하소서.
❸ 하나님이 우리와 함께하심을 깨닫고, 하나님을 의지함으로 모든 두려움을 이기게 하소서.

### 나의 적용

### 오늘의 감사

믿음으로 감사

소망으로 감사

사랑으로 감사

### 말씀암송

**시 57:1** 하나님이여 내게 ☐☐를 베푸소서 내게 ☐☐를 베푸소서 내 영혼이 주께로 피하되 주의 ☐☐ ☐☐ 아래에서 이 재앙들이 지나기까지 피하리이다

### 말씀배경 지식

야고보서의 '자유와 율법'은 성도를 죄와 사망의 법에서 자유롭게 한 복음이다. 구약의 율법이 강제성을 띤 반면, 신약의 복음은 자율성을 띤다. 따라서 신약의 성도는 하나님의 말씀을 자발적으로 실천하고 또 그에 대한 책임도 져야 한다.

131 일차 365

5월 11일

# 하나님의 거룩함을 드러내는 수단

**민수기 20장 | 시편 58-59편 | 이사야 9장 8절-10장 4절 | 야고보서 3장**

## 말씀 연결 거룩함과 찬양 (민 20, 시 58-59)

### 민수기 20장 | 순종을 통해 거룩함을 나타내야 함

20:1 그첫째 달에 이스라엘 자손 곧 온 회중이 신 광야에 이르러 백성이 가데스에 머물더니 미리암이 거기서 죽으매 거기에 장사되니라

20:11 모세가 그의 손을 들어 그의 지팡이로 반석을 두 번 치니 물이 많이 솟아 나오므로 회중과 그들의 짐승이 마시니라

20:12 여호와께서 모세와 아론에게 이르시되 너희가 나를 믿지 아니하고 이스라엘 자손의 목전에서 내 거룩함을 나타내지 아니한 고로 너희는 이 회중을 내가 그들에게 준 땅으로 인도하여 들이지 못하리라 하시니라

20:16 우리가 여호와께 부르짖었더니 우리 소리를 들으시고 천사를 보내사 우리를 애굽에서 인도하여 내셨나이다 이제 우리가 당신의 변방 모퉁이 한 성읍 가데스에 있사오니

20:17 청하건대 우리에게 당신의 땅을 지나가게 하소서 우리가 밭으로나 포도원으로 지나가지 아니하고 우물물도 마시지 아니하고 왕의 큰길로만 지나가고 당신의 지경에서 나가기까지 왼쪽으로나 오른쪽으로나 치우치지 아니하리이다 한다고 하라 하였더니

### 시편 58-59편 | 찬양의 말

58:4 그들의 독은 뱀의 독 같으며 그들은 귀를 막은 귀머거리 독사 같으니

58:7 그들이 급히 흐르는 물 같이 사라지게 하시며 겨누는 화살이 꺾임 같게 하시며

58:8 소멸하여 가는 달팽이 같게 하시며 만삭 되지 못하여 출생한 아이가 햇빛을 보지 못함 같게 하소서

59:3 그들이 나의 생명을 해하려고 엎드려 기다리고 강한 자들이 모여 나를 치려 하오니 여호와여 이는 나의 잘못으로 말미암음이 아니요 나의 죄로 말미암음도 아니로소이다

59:5 주님은 만군의 하나님 여호와, 이스라엘의 하나님이시오니 일어나 모든 나라들을 벌하소서 악을 행하는 모든 자들에게 은혜를 베풀지 마소서 (셀라)

59:8 여호와여 주께서 그들을 비웃으시며 모든 나라들을 조롱하시리이다

오늘의 찬양
**찬송가 212장 | 겸손히 주를 섬길 때**

맥체인성경365
**735p**

## 말씀 연결 말 (사 9:8-10:4, 약 3)

### 이사야 9장 8절-10장 4절 | 완악하고 망령된 말

9:10 벽돌이 무너졌으나 우리는 다듬은 돌로 쌓고 뽕나무들이 찍혔으나 우리는 백향목으로 그것을 대신하리라 하는도다

9:11 그러므로 여호와께서 르신의 대적들을 일으켜 그를 치게 하시며 그의 원수들을 격동시키시리니

9:14 그러므로 여호와께서 하루 사이에 이스라엘 중에서 머리와 꼬리와 종려나무 가지와 갈대를 끊으시리니

9:18 대저 악행은 불 타오르는 것 같으니 곧 찔레와 가시를 삼키며 빽빽한 수풀을 살라 연기가 위로 올라가게 함과 같은 것이라

9:21 므낫세는 에브라임을, 에브라임은 므낫세를 먹을 것이요 또 그들이 합하여 유다를 치리라 그럴지라도 여호와의 진노가 돌아서지 아니하며 그의 손이 여전히 펴져 있으리라

10:1 불의한 법령을 만들며 불의한 말을 기록하며

10:2 가난한 자를 불공평하게 판결하여 가난한 내 백성의 권리를 박탈하며 과부에게 토색하고 고아의 것을 약탈하는 자는 화 있을진저

### 야고보서 3장 | 말의 힘

3:8 혀는 능히 길들일 사람이 없나니 쉬지 아니하는 악이요 죽이는 독이 가득한 것이라

3:15 이러한 지혜는 위로부터 내려온 것이 아니요 땅 위의 것이요 정욕의 것이요 귀신의 것이니

## 묵상 가이드

**민 20장** 어리석은 불평의 말들을 보여 줍니다. 출애굽 제 40년, 모세의 가나안 입성을 불가하게 만들었던 므리바 물 사건, 에돔 족속의 방해로 이스라엘이 먼 길을 돌아 가나안으로 나아가야 했던 일, 대제사장 아론의 죽음과 그 아들 엘르아살이 대를 잇는 내용이 소개됩니다.

**시 58-59편** 58편에서 시인은 원수들의 핍박 가운데서 하나님의 공의로운 행사에 대한 의인들의 기쁨을 노래합니다. 그리고 59편은 다윗이 죄악과 저주와 거짓의 말을 쏟아내는 악인들을 하나님께 고발하는 말씀입니다. 곧 불의가 기승을 부릴지라도 하나님은 역사의 주관자이시며, 심판주가 되심을 보여 줍니다.

**사 9장 8절-10장 4절** 하나님을 버린 북왕국 이스라엘의 교만과 완악함을 지적하며 그에 대한 심판이 선언됩니다. 그리고 10:1-4에서는 메시야 왕국의 비전을 통해 백성의 마음을 위로하셨던 하나님께서 앗수르의 패망을 소개하고 있습니다.

**약 3장** 지도자에게 특별히 요구되는 덕목 중 언어생활에 대해 교훈하고 있습니다. 즉 야고보는 말이 주는 피해가 얼마나 대단한지를 상기시키면서 말을 절제하도록 권면합니다. 후반부에서는 다툼과 거짓을 가져오는 세상 지혜를 버리고 하늘의 신령한 지혜를 힘입어 열매 맺는 삶을 살도록 당부하는 말씀입니다.

## 더 깊은 묵상

화평케 하는 말로 평화를 이루고 의의 열매를 거두는 사람이 하나님의 사람입니다. 우리의 입술에서 불평과 거짓과 교만과 저주의 말을 제거해야 합니다. 말에 실수가 없는 온전한 사람으로 세워져 찬양과 감사와 신뢰와 회개의 말을 해야 합니다.

## 기도와 적용

### 말씀기도

❶ 혀를 길들이고 말에 실수가 없어 온전한 사람으로 세워지게 하소서.
❷ 불평과 거짓의 말을 끊어버려서 하나님의 은혜를 놓치지 않게 하소서.
❸ 징계 속에서 주의 뜻을 깨닫고 주께 돌이키게 하소서.

### 나의 적용

### 오늘의 감사

믿음으로 감사

소망으로 감사

사랑으로 감사

## 말씀암송

약 3:8 [ ]는 능히 길들일 사람이 없나니 쉬지 아니하는 [ ]이요 죽이는 [ ]이 가득한 것이라

## 말씀배경 지식

'나신 한 아기'이신 메시야는 완전한 인간으로서 처녀의 몸에서 나실 것이다. 거룩한 신성과 권한을 지니셨다. 능력과 지혜를 지니셨다. 영존하시며 생명의 근원이시다. 분쟁과 고통을 없애시는 평화의 왕이시다. 하나님의 약속대로 다윗의 자손으로 오실 것이다. 하나님 나라에서 공평과 정의로 영원히 다스릴 것이다.

132 일차 365

5월 12일

# 하나님을 의지함

**민수기 21장 | 시편 60-61편 | 이사야 10장 5-34절 | 야고보서 4장**

## 말씀 연결 기도와 구원 (민 21, 시 60-61)

### 민수기 21장 | 하나님께 기도함

21:6 여호와께서 불뱀들을 백성 중에 보내어 백성을 물게 하시므로 이스라엘 백성 중에 죽은 자가 많은지라

21:14 이러므로 여호와의 전쟁기에 일렀으되 수바의 와헙과 아르논 골짜기와

21:20 바못에서 모압 들에 있는 골짜기에 이르러 광야가 내려다 보이는 비스가 산 꼭대기에 이르렀더라

21:21 이스라엘이 아모리 왕 시혼에게 사신을 보내어 이르되

21:29 모압아 네가 화를 당하였도다 그모스의 백성아 네가 멸망하였도다 그가 그의 아들들을 도망하게 하였고 그의 딸들을 아모리인의 왕 시혼의 포로가 되게 하였도다

21:33 그들이 돌이켜 바산 길로 올라가매 바산 왕 옥이 그의 백성을 다 거느리고 나와서 그들을 맞아 에드레이에서 싸우려 하는지라

### 시편 60-61편 | 구원과 기업을 주심

60:1 하나님이여 주께서 우리를 버려 흩으셨고 분노하셨사오나 지금은 우리를 회복시키소서

60:3 주께서 주의 백성에게 어려움을 보이시고 비틀거리게 하는 포도주를 우리에게 마시게 하셨나이다

60:4 주를 경외하는 자에게 깃발을 주시고 진리를 위하여 달게 하셨나이다 (셀라)

60:8 모압은 나의 목욕통이라 에돔에는 나의 신발을 던지리라 블레셋아 나로 말미암아 외치라 하셨도다

61:2 내 마음이 약해 질 때에 땅 끝에서부터 주께 부르짖으오리니 나보다 높은 바위에 나를 인도하소서

오늘의 찬양
찬송가 545장 | 이 눈에 아무 증거 아니 뵈어도

맥체인성경365
740p

## 말씀 연결 의지와 사모함 (사 10:5-34, 약 4)

### 이사야 10장 5-34절 | 진실하게 의지함

10:9 갈로는 갈그미스와 같지 아니하며 하맛은 아르밧과 같지 아니하며 사마리아는 다메섹과 같지 아니하냐

10:15 도끼가 어찌 찍는 자에게 스스로 자랑하겠으며 톱이 어찌 켜는 자에게 스스로 큰 체하겠느냐 이는 막대기가 자기를 드는 자를 움직이려 하며 몽둥이가 나무 아닌 사람을 들려 함과 같음이로다

10:18 그의 숲과 기름진 밭의 영광이 전부 소멸되리니 병자가 점점 쇠약하여 감 같을 것이라

### 야고보서 4장 | 더 큰 은혜를 사모함

4:1 너희 중에 싸움이 어디로부터 다툼이 어디로부터 나느냐 너희 지체 중에서 싸우는 정욕으로부터 나는 것이 아니냐

4:4 간음한 여인들아 세상과 벗된 것이 하나님과 원수 됨을 알지 못하느냐 그런즉 누구든지 세상과 벗이 되고자 하는 자는 스스로 하나님과 원수 되는 것이니라

4:8 하나님을 가까이하라 그리하면 너희를 가까이하시리라 죄인들아 손을 깨끗이 하라 두 마음을 품은 자들아 마음을 성결하게 하라

4:11 형제들아 서로 비방하지 말라 형제를 비방하는 자나 형제를 판단하는 자는 곧 율법을 비방하고 율법을 판단하는 것이라 네가 만일 율법을 판단하면 율법의 준행자가 아니요 재판관이로다

4:14 내일 일을 너희가 알지 못하는도다 너희 생명이 무엇이냐 너희는 잠깐 보이다가 없어지는 안개니라

### 묵상 가이드

**민 21장** 주님을 믿고 의지한 백성들에게 주신 구원을 전하는 말씀입니다. 이스라엘 내부의 적인 원망과 불순종으로 인해 내린 하나님의 심판에서 말씀을 믿고 의지하는 자에게 구원의 은혜를 베푸시는 것을 보여 줍니다.

**시편 60-61편** 60편은 에돔 족속과의 치열한 전쟁을 배경으로 전황이 불리한 상태에서 승리를 위한 기도를 드리고 있는 말씀입니다. 그리고 61편은 예루살렘 성전으로 돌아가 예배드리기를 소원하며 하나님의 보호를 간구하는 모습을 보여 줍니다.

**사 10장 5-34절** 백성들이 어리석게 하나님이 아닌 앗수르를 의지했고, 그 결과 앗수르의 침략을 받았습니다. 이제 돌이켜 하나님을 의지해야 함을 보여 줍니다. 영적 각성을 통한 이스라엘의 회복을 확인시켜 주는 말씀입니다.

**약 4장** 허탄하고 세속적인 삶을 버리고 겸손하고 순결한 신앙으로 살도록 교훈하고 있습니다. 교만에서 오는 탐욕과 비방을 버리고 헛된 자랑을 삼가라고 당부합니다. 하나님은 교만한 자를 물리치시고 겸손한 자에게 은혜를 주신다는 것을 보여 줍니다.

### 더 깊은 묵상

하나님을 의지하는 자에게 구원과 승리가 있습니다. 따라서 헛된 믿음에서 돌이켜 하나님을 의지해야 하고, 겸손함과 포기하지 않는 믿음으로 하나님을 의지해야 합니다. 오직 하나님을 향한 마음으로 두렵고 떨리는 마음으로, 깨끗한 손과 성결한 마음으로 하나님 앞에 나아가야 합니다.

## 기도와 적용

### 말씀기도

❶ 사람의 구원은 헛됨을 깨닫고, 하나님께 돌이켜 하나님만 의지하게 하소서.
❷ 교만함을 깨뜨리고 겸손함으로 주의 은혜를 구하게 하소서.
❸ 하나님만을 의지함으로 모든 두려움을 이기고 주의 구원과 승리를 누리게 하소서.

### 나의 적용

### 오늘의 감사

**믿음으로 감사**

**소망으로 감사**

**사랑으로 감사**

### 말씀암송

**약 4:14** 내일 일을 너희가 알지 못하는도다 너희 [ ][ ]이 무엇이냐 너희는 잠깐 보이다가 없어지는 [ ][ ]니라

## 말씀배경 지식

**남은 자 (사 10:21)**
하나님의 선하신 성품으로 인해 절망적인 상황에서도 구원을 얻은 생존자들을 말한다. 즉 죄인들을 향한 하나님의 심판으로부터 생존하여 하나님의 새 백성의 기원이 되는 자를 가리킨다. 이들이 남은 것은 스스로의 종교적 우월함 때문이 아니라 진노 중에서도 긍휼을 잊지 않으시는 하나님의 인내와 은총 때문에 가능했다.

133 일차/365

# 하나님의 말씀을 들음

5월 13일

**민수기 22장 | 시편 62-63편 | 이사야 11-12장 | 야고보서 5장**

## 말씀 연결 말함과 들음 (민 22, 시 62-63)

### 민수기 22장 | 주신 말씀을 말함

22:5 그가 사신을 브올의 아들 발람의 고향인 강 가 브돌에 보내어 발람을 부르
게 하여 이르되 보라 한 민족이 애굽에서 나왔는데 그들이 지면에 덮여서 우리
맞은편에 거주하였고

22:7 모압 장로들과 미디안 장로들이 손에 복채를 가지고 떠나 발람에게 이르러
발락의 말을 그에게 전하매

22:12 하나님이 발람에게 이르시되 너는 그들과 함께 가지도 말고 그 백성을 저
주하지도 말라 그들은 복을 받은 자들이니라

22:17 내가 그대를 높여 크게 존귀하게 하고 그대가 내게 말하는 것은 무엇이든
지 시행하리니 청하건대 와서 나를 위하여 이 백성을 저주하라 하시더이다

22:20 밤에 하나님이 발람에게 임하여 이르시되 그 사람들이 너를 부르러 왔거
든 일어나 함께 가라 그러나 내가 네게 이르는 말만 준행할지니라

22:22 그가 감으로 말미암아 하나님이 진노하시므로 여호와의 사자가 그를 막
으려고 길에 서니라 발람은 자기 나귀를 탔고 그의 두 종은 그와 함께 있더니

22:28 여호와께서 나귀 입을 여시니 발람에게 이르되 내가 당신에게 무엇을 하
였기에 나를 이같이 세 번을 때리느냐

### 시편 62-63편 | 하신 말씀을 들음

62:1 나의 영혼이 잠잠히 하나님만 바람이여 나의 구원이 그에게서 나오는도다

62:4 그들이 그를 그의 높은 자리에서 떨어뜨리기만 꾀하고 거짓을 즐겨 하니
입으로는 축복이요 속으로는 저주로다 (셀라)

62:8 백성들아 시시로 그를 의지하고 그의 앞에 마음을 토하라 하나님은 우리의
피난처시로다 (셀라)

63:5 골수와 기름진 것을 먹음과 같이 나의 영혼이 만족할 것이라 나의 입이 기
쁜 입술로 주를 찬송하되

63:11 왕은 하나님을 즐거워하리니 주께 맹세한 자마다 자랑할 것이나 거짓말
하는 자의 입은 막히리로다

오늘의 찬양
**찬송가 258장 | 샘물과 같은 보혈은**

맥체인성경365
745p

## 말씀 연결 들어야 할 말씀들 (사 11-12, 약 5)

### 이사야 11-12장 | 심판을 말씀하심

11:4 공의로 가난한 자를 심판하며 정직으로 세상의 겸손한 자를 판단할 것이며
그의 입의 막대기로 세상을 치며 그의 입술의 기운으로 악인을 죽일 것이며

11:15 여호와께서 애굽 해만을 말리시고 그의 손을 유브라데 하수 위에 흔들어
뜨거운 바람을 일으켜 그 하수를 쳐 일곱 갈래로 나누어 신을 신고 건너가게 하
실 것이라

12:1 그 날에 네가 말하기를 여호와여 주께서 전에는 내게 노하셨사오나 이제는
주의 진노가 돌아섰고 또 주께서 나를 안위하시오니 내가 주께 감사하겠나이다
할 것이니라

### 야고보서 5장 | 들어야 할 권면의 말씀들

5:7 그러므로 형제들아 주께서 강림하시기까지 길이 참으라 보라 농부가 땅에서
나는 귀한 열매를 바라고 길이 참아 이른 비와 늦은 비를 기다리나니

5:12 내 형제들아 무엇보다도 맹세하지 말지니 하늘로나 땅으로나 아무 다른 것으
로도 맹세하지 말고 오직 너희가 그렇다고 생각하는 것은 그렇다 하고 아니라고 생
각하는 것은 아니라 하여 정죄 받음을 면하라

5:14 너희 중에 병든 자가 있느냐 그는 교회의 장로들을 청할 것이요 그들은 주의
이름으로 기름을 바르며 그를 위하여 기도할지니라

5:17 엘리야는 우리와 성정이 같은 사람이로되 그가 비가 오지 않기를 간절히 기
도한즉 삼 년 육 개월 동안 땅에 비가 오지 아니하고

5:19 내 형제들아 너희 중에 미혹되어 진리를 떠난 자를 누가 돌아서게 하면

## 묵상 가이드

**민 22장** 40년 광야 여정 중 최종 숙영지인 모압 평지에서의 사건들을 보여 줍니다. 이스라엘의 진격을 두려워한 모압 왕 발락이 술사 발람을 초대해 이스라엘을 멸하려 했던 사건을 통해 우리의 소망이 하나님의 소망을 따라 일치해야 한다는 것을 말씀합니다.

**시 62-63편** 62편은 모든 도움이 사라진 애절한 상황에서 항변을 포기하고 하나님의 구원을 잠잠히 바라는 의뢰의 찬송입니다. 그리고 63편에서는 슬픔과 좌절에 머물지 않고 유일한 소망이요 만족이신 하나님을 우러러 구원을 호소하는 모습을 보여 줍니다. 하나님과 더 긴밀하게 연합되기를 바라며 기도합니다.

**사 11-12장** 11장에서는 메시야의 오심과 그분의 의로운 통치 그리고 그로 인한 복음의 확산에 대한 비전이 소개됩니다. 그리고 12장은 선민의 죄로 인한 심판과 그와 동시에 펼쳐질 구원에 대한 말씀입니다. 메시야 왕국에 대한 소망은 불안하고 위협적인 이 땅에서 살아가는 하나님의 백성에게 큰 위로가 됩니다.

**약 5장** 세상의 허탄한 것을 추구하는 자의 허망함을 지적한 후 가난한 자를 외면하고 품꾼을 정당하게 대우하지 않는 악한 부자에게 임할 멸망을 경고하고 있습니다. 그리고 주께서 다시 오시는 소망의 날까지 참고 기다려야 한다는 것을 보여 줍니다.

## 더 깊은 묵상

참된 소망은 하나님께 있습니다. 따라서 고난과 두려움의 상황에서도 흔들리지 말고 하나님께 소망을 두고, 내 욕심이 아닌 하나님의 소망을 붙잡아야 합니다. 주께서 소망을 이루시는 그날까지 인내하고 기다리며 오늘의 고난을 이겨야 합니다.

## 기도와 적용

### 말씀기도

❶ 하나님께 소망을 두고, 이루실 놀라운 구원과 회복과 평화를 기대하며 살아가게 하소서.
❷ 욕심에 눈이 멀어 하나님을 붙든 소망을 잃어버리지 않게 하소서.
❸ 주님의 강림이 가까움을 기억하고, 참고 인내하며 이겨가게 하소서.

### 나의 적용

### 오늘의 감사

**믿음으로 감사**

**소망으로 감사**

**사랑으로 감사**

### 말씀암송

시 62:1 나의 영혼이 잠잠히 □□□만 바라봄이여 나의 □□이 그에게서 나오는도다

## 말씀배경 지식

**이새의 줄기에서 나온 싹 (사 11:1)**
다윗의 후손으로 오실 메시야를 '이새의 줄기'라고 칭한 것은 다윗이 이새의 아들이요 미천한 존재였음을 강조하기 위함이며, 메시야 '싹'이라고 한 것은 이미 죽은 것 같은 다윗 왕조에서 새롭게 돋아났기 때문이요, 매우 보잘것없고 연약하게 보이기 때문이다. 하지만 그 싹은 생명력 넘쳐 장차 만국을 덮고도 남을 큰 나무로 자랄 것이다.

134 일차 / 365

5월 14일

# 말씀하시고 이루심

**민수기 23장 | 시편 64-65편 | 이사야 13장 | 베드로전서 1장**

## 말씀 연결 행하시는 말씀들 (민 23, 시 64-65)

### 민수기 23장 | 말씀하신 바를 행하시는 하나님

**23:1** 발람이 발락에게 이르되 나를 위하여 여기 제단 일곱을 쌓고 거기 수송아
지 일곱 마리와 숫양 일곱 마리를 준비하소서 하매

**23:3** 발람이 발락에게 이르되 당신의 번제물 곁에 서소서 나는 저리로 가리이다
여호와께서 혹시 오셔서 나를 만나시리니 그가 내게 지시하시는 것은 다 당신에
게 알리리이다 하고 언덕길로 가니

**23:8** 하나님이 저주하지 않으신 자를 내가 어찌 저주하며 여호와께서 꾸짖지 않
으신 자를 내가 어찌 꾸짖으랴

**23:10** 야곱의 티끌을 누가 능히 세며 이스라엘 사분의 일을 누가 능히 셀고 나는
의인의 죽음을 죽기 원하며 나의 종말이 그와 같기를 바라노라 하매

**23:13** 발락이 말하되 나와 함께 그들을 달리 볼 곳으로 가자 거기서는 그들을 다
보지 못하고 그들의 끝만 보리니 거기서 나를 위하여 그들을 저주하라 하고

### 시편 64-65편 | 약속하신 말씀들

**64:2** 주는 악을 꾀하는 자들의 음모에서 나를 숨겨 주시고 악을 행하는 자들의
소동에서 나를 감추어 주소서

**64:4** 숨은 곳에서 온전한 자를 쏘며 갑자기 쏘고 두려워하지 아니하는도다

**65:2** 기도를 들으시는 주여 모든 육체가 주께 나아오리이다

**65:5** 우리 구원의 하나님이시여 땅의 모든 끝과 먼 바다에 있는 자가 의지할 주
께서 의를 따라 엄위하신 일로 우리에게 응답하시리이다

**65:9** 땅을 돌보사 물을 대어 심히 윤택하게 하시며 하나님의 강에 물이 가득하
게 하시고 이같이 땅을 예비하신 후에 그들에게 곡식을 주시나이다

오늘의 찬양
**찬송가 202장 | 하나님 아버지 주신 책은**

맥체인성경365
751p

## 말씀 연결 심판과 거듭남 (사 13, 벧전 1)

### 이사야 13장 | 심판을 말씀하심

13:5 무리가 먼 나라에서, 하늘 끝에서 왔음이여 곧 여호와와 그의 진노의 병기
라 온 땅을 멸하려 함이로다

13:6 너희는 애곡할지어다 여호와의 날이 가까웠으니 전능자에게서 멸망이 임
할 것임이로다

13:18 메대 사람이 활로 청년을 쏘아 죽이며 태의 열매를 긍휼히 여기지 아니하
며 아이를 애석하게 보지 아니하리라

13:22 그의 궁성에는 승냥이가 부르짖을 것이요 화려하던 궁전에는 들개가 울
것이라 그의 때가 가까우며 그의 날이 오래지 아니하리라

### 베드로전서 1장 | 거듭난 자가 따라야 할 말씀

1:2 곧 하나님 아버지의 미리 아심을 따라 성령이 거룩하게 하심으로 순종함과 예
수 그리스도의 피 뿌림을 얻기 위하여 택하심을 받은 자들에게 편지하노니 은혜와
평강이 너희에게 더욱 많을지어다

1:3 우리 주 예수 그리스도의 아버지 하나님을 찬송하리로다 그의 많으신 긍휼대
로 예수 그리스도를 죽은 자 가운데서 부활하게 하심으로 말미암아 우리를 거듭나
게 하사 산 소망이 있게 하시며

1:6 그러므로 너희가 이제 여러 가지 시험으로 말미암아 잠깐 근심하게 되지 않을
수 없으나 오히려 크게 기뻐하는도다

1:7 너희 믿음의 확실함은 불로 연단하여도 없어질 금보다 더 귀하여 예수 그리스
도께서 나타나실 때에 칭찬과 영광과 존귀를 얻게 할 것이니라

1:12 이 섬긴 바가 자기를 위한 것이 아니요 너희를 위한 것임이 계시로 알게 되었
으니 이것은 하늘로부터 보내신 성령을 힘입어 복음을 전하는 자들로 이제 너희에
게 알린 것이요 천사들도 살펴 보기를 원하는 것이니라

1:19 오직 흠 없고 점 없는 어린 양 같은 그리스도의 보배로운 피로 된 것이니라

1:20 그는 창세 전부터 미리 알린 바 되신 이나 이 말세에 너희를 위하여 나타내신
바 되었으니

## 묵상 가이드

**민 23장** 뜻이 맞는 사악한 두 세력 바람과 발락이 만나 이스라엘을 멸망시키려 했으나 하나님의 주권적인 개입으로 오히려 이스라엘을 축복하게 된 사건입니다. 하나님은 탐심에 눈이 먼 발람의 전 인격을 주장하셔서 이스라엘을 보호하시고 인도하시는 당신의 거룩한 뜻을 드러내셨습니다.

**시 64-65편** 64편은 원수에게 위협받는 상황에서 하나님의 절대적인 보호를 호소하고 하나님의 심판을 노래하는 모습을 보여 줍니다. 그리고 65편은 세상의 창조주요 모든 질서를 주관하시는 하나님께 대한 찬양과 감사의 말씀입니다.

**사 13장** 바벨론에 임할 멸망이 예언됩니다. 악인과 교만한 자는 결코 하나님의 심판을 피할 수 없음을 전하는 말씀입니다.

**벧전 1장** 로마 황제 네로의 핍박과 장차 환난을 당할 성도들에게 위로와 권면의 말을 전하고 있습니다. 하나님의 긍휼로 주어진 구원, 시련과 연단을 통해 장차 주어질 구원을 소개하며 성도들에게 근신과 성결의 삶을 권하고, 구원받은 성도 상호 간에 어떤 삶을 살아야 할지를 보여 줍니다.

## 더 깊은 묵상

하나님의 축복은 사람의 저주로 막을 수 없고, 여러 시련을 이기고 반드시 주어집니다. 하나님의 심판도 사람의 묘책과 강성함으로 막을 수 없고 반드시 주어집니다. 따라서 하나님의 사랑과 축복 안에 거해야 하며, 교만함을 버리고 겸손함으로 하나님의 은혜를 구해야 합니다.

## 기도와 적용

### 말씀기도

❶ 하나님 편에 서서 무엇으로도 막을 수 없는 하나님의 축복을 누리게 하소서.
❷ 시험과 환난을 넉넉히 이기게 하시고, 근심을 기쁨으로 바꾸게 하소서.
❸ 시험 중에 믿음을 단련하여 주의 칭찬과 영광과 존귀를 얻게 하소서.

### 나의 적용

### 오늘의 감사

**믿음으로 감사**

**소망으로 감사**

**사랑으로 감사**

### 말씀암송

**벧전 1:19** 오직 흠 없고 점 없는 어린 ☐ 같은 그리스도의 보배로운 ☐로 된 것이니라

### 말씀배경 지식

이스라엘에 대한 두 차례에 걸친 저주의 시도가 실패로 돌아가자, 모압 왕 발락은 세 번째로 저주를 시도하기 위해 술사 발람을 광야가 보이는 브올 산 꼭대기로 인도한다. 발람은 1, 2차 예언 때처럼 제단을 쌓고 제사를 드리거나 사술을 쓰는 방식대로 사태난 산에는 가지 않는다. 그러나 하나님은 발람의 방법과는 전혀 상관없이 자신의 주권대로 이번에도 역시 발람에게 말씀을 주심으로써 이스라엘을 축복하게 하신다.

135 일차/365

5월 15일

# 하나님의 경영

**민수기 24장 | 시편 66-67편 | 이사야 14장 | 베드로전서 2장**

## 말씀 연결 말씀과 살피심 (민 24, 시 66-67)

### 민수기 24장 | 열방을 향해 말씀하심

**24:1** 발람이 자기가 이스라엘을 축복하는 것을 여호와께서 선히 여기심을 보고 전과 같이 점술을 쓰지 아니하고 그의 낯을 광야로 향하여

**24:6** 그 벌어짐이 골짜기 같고 강 가의 동산 같으며 여호와께서 심으신 침향목들 같고 물 가의 백향목들 같도다

**24:8** 하나님이 그를 애굽에서 인도하여 내셨으니 그 힘이 들소와 같도다 그의 적국을 삼키고 그들의 뼈를 꺾으며 화살로 쏘아 꿰뚫으리로다

**24:10** 발락이 발람에게 노하여 손뼉을 치며 말하되 내가 그대를 부른 것은 내 원수를 저주하라는 것이어늘 그대가 이같이 세 번 그들을 축복하였도다

**24:17** 내가 그를 보아도 이 때의 일이 아니며 내가 그를 바라보아도 가까운 일이 아니로다 한 별이 야곱에게서 나오며 한 규가 이스라엘에게서 일어나서 모압을 이쪽에서 저쪽까지 쳐서 무찌르고 또 셋의 자식들을 다 멸하리로다

### 시편 66-67편 | 경영을 반드시 이루심

**66:1** 온 땅이여 하나님께 즐거운 소리를 낼지어다

**66:12** 사람들이 우리 머리를 타고 가게 하셨나이다 우리가 불과 물을 통과하였더니 주께서 우리를 끌어내사 풍부한 곳에 들이셨나이다

**66:14** 이는 내 입술이 낸 것이요 내 환난 때에 내 입이 말한 것이니이다

**67:1** 하나님은 우리에게 은혜를 베푸사 복을 주시고 그의 얼굴 빛을 우리에게 비추사 (셀라)

**67:6** 땅이 그의 소산을 내어 주었으니 하나님 곧 우리 하나님이 우리에게 복을 주시리로다

오늘의 찬양

찬송가 478장 | 참 아름다워라

맥체인성경365
756p

**말씀 연결** 경영 (사 14, 벧전 2)

### 이사야 14장 | 나라들을 살피심

14:4 너는 바벨론 왕에 대하여 이 노래를 지어 이르기를 압제하던 자가 어찌 그
리 그쳤으며 강포한 성이 어찌 그리 폐하였는고

14:5 여호와께서 악인의 몽둥이와 통치자의 규를 꺾으셨도다

14:9 아래의 스올이 너로 말미암아 소동하여 네가 오는 것을 영접하되 그것이
세상의 모든 영웅을 너로 말미암아 움직이게 하며 열방의 모든 왕을 그들의 왕좌
에서 일어서게 하므로

14:23 내가 또 그것이 고슴도치의 굴혈과 물 웅덩이가 되게 하고 또 멸망의 빗자
루로 청소하리라 나 만군의 여호와의 말이니라 하시니라

14:29 블레셋 온 땅이여 너를 치던 막대기가 부러졌다고 기뻐하지 말라 뱀의 뿌
리에서는 독사가 나겠고 그의 열매는 날아다니는 불뱀이 되리라

### 베드로전서 2장 | 입의 경영

2:9 그러나 너희는 택하신 족속이요 왕 같은 제사장들이요 거룩한 나라요 그의 소
유가 된 백성이니 이는 너희를 어두운 데서 불러 내어 그의 기이한 빛에 들어가게
하신 이의 아름다운 덕을 선포하게 하려 하심이라

2:11 사랑하는 자들아 거류민과 나그네 같은 너희를 권하노니 영혼을 거슬러 싸우
는 육체의 정욕을 제어하라

2:12 너희가 이방인 중에서 행실을 선하게 가져 너희를 악행한다고 비방하는 자들
로 하여금 너희 선한 일을 보고 오시는 날에 하나님께 영광을 돌리게 하려 함이라

2:13 인간의 모든 제도를 주를 위하여 순종하되 혹은 위에 있는 왕이나

2:15 곧 선행으로 어리석은 사람들의 무식한 말을 막으시는 것이라

2:19 부당하게 고난을 받아도 하나님을 생각함으로 슬픔을 참으면 이는 아름다우
나

2:24 친히 나무에 달려 그 몸으로 우리 죄를 담당하셨으니 이는 우리로 죄에 대하
여 죽고 의에 대하여 살게 하려 하심이라 그가 채찍에 맞음으로 너희는 나음을 얻
었나니

**묵상 가이드**

**민 24장** 이스라엘을 멸망시키려던 발락의 악한 계획과 발람의 시도가 최종적으로 실패하게 되는 것을 보여 줍니다. 하나님은 악인들의 입술을 통해 이스라엘의 번성과 메시야 출현까지 예언하도록 주장하심으로써 모든 인생과 역사의 참 주인이요 지극히 사랑하시는 분임을 알리셨습니다.

**시 66-67편** 66편은 민족적인 차원에서 만민들에게 하나님께 찬양할 것을 권면하고 개인적인 차원에서 자신의 기도가 응답 된 사실을 기뻐하며 서원한 바를 갚는 감사를 노래합니다. 67편은 전통적으로 추수의 기쁨을 가지고 임하던 장막에서 부르는 감사의 노래입니다.

**사 14장** 이스라엘을 향한 긍휼과 회복을 전하는 말씀입니다. 하나님께서 이스라엘 백성들을 다시 택하여 그 땅으로 다시 돌아오게 하시고, 그 백성들을 사로잡고 압제하던 자들을 도리어 사로잡고 주관하게 하는 등 역전의 축복이 있게 될 것을 예언한 말씀입니다.

**벧전 2장** 하나님은 우리를 놀라운 긍휼을 통해 하나님의 백성으로 삼으셨다는 것을 보여 줍니다. 예수 그리스도를 믿는 믿음 안에서 하나님의 택하신 백성이 되었다는 것과 그리스도께서 보이신 모범을 따라 온전한 삶을 추구해야 한다고 말씀하고 있습니다.

**더 깊은 묵상**

우리는 택함 받은 하나님의 거룩한 백성입니다. 하나님의 백성에게는 용서하시고 회복하시는 하나님의 은혜와 시험을 통해 단련하시고 존귀하게 하시는 하나님의 축복이 있습니다. 따라서 그 은혜와 단련과 축복을 기억하고 주의 거룩한 백성에서 떨어지지 않아야 합니다.

## 기도와 적용

### 말씀기도

❶ 하나님의 거룩한 백성으로 선택된 은혜와 아름다운 덕을 선포해야 하는 사명의 삶을 살게 하소서.
❷ 용서하시고 회복하시는 하나님의 놀라운 은혜를 누리게 하소서.
❸ 세상의 축복에 마음 빼앗기지 말고 하나님의 축복을 사모하며 추구하게 하소서.

### 나의 적용

### 오늘의 감사

믿음으로 감사

소망으로 감사

사랑으로 감사

### 말씀암송

시 67:6 땅이 그의 ☐☐을 내어 주었으니 하나님 곧 우리 하나님이 우리에게 ☐을 주시리로다

### 말씀배경 지식

**한 별이 야곱에게서 나오며 한 규가 이스라엘에게서 일어나서 (민 24:17)**
성경 문학적으로 '별'은 왕(지도자)을, '규'는 권위와 통치를 상징한다. 이 예언은 위대한 통치자 이스라엘에서 일어날 것이라는 내용으로 일차적으로는 다윗 때에 궁극적으로는 메시야 예수에게서 성취된다. 예수는 절대 왕권을 가지고 구원자요 심판자로서 이 땅에 임하신다.

## 랍비 히레르 명언

- 지식을 쌓지 않는 것은 지식을 감소시키는 것이다.
- 자기의 높음을 사람들에게 광고하려고 하는 사람은 자기의 인격에상처를 입히는 것이다.
- 상대방의 입장에 있지 않고는 그 사람을 판단하지 말라.
- 배우려는 학생은 부끄러워해서는 안 된다.
- 인내력이 없는 사람은 남을 가르칠 수 없다.
- 자신의 주위에 뛰어난 사람이 없다면 자신이 뛰어난 인물이 되지않으면 안 된다.
- 자신이 자신을 위해 주지 않으면 누가 당신을 위해 줄 것인가?

탈무드 / 선교횃불

136 일차 365

5월 16일

# 진노와 구원

민수기 25장 | 시편 68편 | 이사야 15장 | 베드로전서 3장

## 말씀 연결 심판과 찬송 (민 25, 시 68)

### 민수기 25장 | 음행한 이스라엘을 심판하심

**25:3** 이스라엘이 바알브올에게 가담한지라 여호와께서 이스라엘에게 진노하시니라

**25:4** 여호와께서 모세에게 이르시되 백성의 수령들을 잡아 태양을 향하여 여호와 앞에 목매어 달라 그리하면 여호와의 진노가 이스라엘에게서 떠나리라

**25:6** 이스라엘 자손의 온 회중이 회막 문에서 울 때에 이스라엘 자손 한 사람이 모세와 온 회중의 눈앞에 미디안의 한 여인을 데리고 그의 형제에게로 온지라

**25:11** 제사장 아론의 손자 엘르아살의 아들 비느하스가 내 질투심으로 질투하여 이스라엘 자손 중에서 내 노를 돌이켜서 내 질투심으로 그들을 소멸하지 않게 하였도다

**25:12** 그러므로 말하라 내가 그에게 내 평화의 언약을 주리니

### 시편 68편 | 원수를 심판하심과 하나님을 찬송함

**68:1** 하나님이 일어나시니 원수들은 흩어지며 주를 미워하는 자들은 주 앞에서 도망하리이다

**68:2** 연기가 불려 가듯이 그들을 몰아내소서 불 앞에서 밀이 녹음 같이 악인이 하나님 앞에서 망하게 하소서

**68:4** 하나님께 노래하며 그의 이름을 찬양하라 하늘을 타고 광야에 행하시던 이를 위하여 대로를 수축하라 그의 이름은 여호와이시니 그의 앞에서

**68:11** 주께서 말씀을 주시니 소식을 공포하는 여자들은 큰 무리라

**68:13** 너희가 양 우리에 누울 때에는 그 날개를 은으로 입히고 그 깃을 황금으로 입힌 비둘기 같도다

**68:15** 바산의 산은 하나님의 산임이여 바산의 산은 높은 산이로다

**68:26** 이스라엘의 근원에서 나온 너희여 대회 중에 하나님 곧 주를 송축할지어다

**68:33** 옛적 하늘들의 하늘을 타신 자에게 찬송하라 주께서 그 소리를 내시니 웅장한 소리로다

오늘의 찬양

**찬송가 290장 | 우리는 주님을 늘 배반하나**

맥체인성경365
761p

## 말씀 연결 진노와 구원 (사 15, 벧전 3)

### 이사야 15장 | 모압에 진노하심

15:2 그들은 바잇과 디본 산당에 올라가서 울며 모압은 느보와 메드바를 위하여
통곡하는도다 그들이 각각 머리카락을 밀고 각각 수염을 깎았으며

15:6 니므림 물이 마르고 풀이 시들었으며 연한 풀이 말라 청청한 것이 없음이
로다

### 베드로전서 3장 | 구원받은 백성의 삶

3:4 오직 마음에 숨은 사람을 온유하고 안정한 심령의 썩지 아니할 것으로 하라 이
는 하나님 앞에 값진 것이니라

3:7 남편들아 이와 같이 지식을 따라 너희 아내와 동거하고 그를 더 연약한 그릇이
요 또 생명의 은혜를 함께 이어받을 자로 알아 귀히 여기라 이는 너희 기도가 막히
지 아니하게 하려 함이라

3:13 또 너희가 열심으로 선을 행하면 누가 너희를 해하리요

3:18 그리스도께서도 단번에 죄를 위하여 죽으사 의인으로서 불의한 자를 대신하
셨으니 이는 우리를 하나님 앞으로 인도하려 하심이라 육체로는 죽임을 당하시고
영으로는 살리심을 받으셨으니

### 묵상 가이드

**민 25장** 이스라엘이 요단 강 바로 앞 싯딤에서 모압 여인들과 음행함으로써 거룩을 훼손합니다. 결국 바알브올에 가담한 사람들을 잡아 죽이고, 아론의 손자 비느하스가 음행한 여인을 진영 안에까지 데리고 온 살루의 아들 시므리를 죽임으로 하나님께서 그 진노를 멈추셨습니다.

**시 68편** 하나님의 은혜와 심판을 보여 주는 말씀입니다. 하나님께서 거역하는 자들에게는 메마른 땅의 심판을 주시지만, 고아와 과부 등 고독한 자들, 곧 겸손히 하나님을 의지하며 은혜를 구하는 자들에게는 형통함의 은혜를 주신다는 것입니다.

**사 15장** 모압에 대한 심판의 말씀으로, 하나님의 심판에 사람들이 도피하지만, 그 도피한 자들까지도 심판하시며 또 그 땅에 남은 자들까지도 심판하신다는 것을 보여 줍니다.

**벧전 3장** 가정 내에서 아내와 남편의 올바른 관계 정립과 고난에 직면한 성도의 자세, 끝까지 선을 추구하며 온유한 삶을 살 것, 그리고 그리스도께서 보여 주신 모범 등을 소개하고 있습니다.

### 더 깊은 묵상

하나님의 심판은 엄중하며 누구도 피할 수 없습니다. 따라서 죄에서 떠나 우리를 의롭게 하시는 예수 그리스도의 은혜를 힘입어야 합니다. 오직 그것만이 하나님의 심판을 멈출 수 있습니다. 하나님의 심판이 두려운 것이지만 우리를 의롭게 하시는 그리스도를 믿음으로 심판을 두려워하지 않을 수 있습니다.

## 기도와 적용

### 말씀기도

❶ 겸손히 하나님을 의지하는 백성이 되게 하소서.
❷ 철저히 죄를 미워하고 제거하여 하나님의 심판을 멈추게 하는 사람이 되게 하소서.
❸ 의를 위한 고난을 기쁨으로 이겨 복이 있는 자가 되게 하는 삶을 살게 하소서.

### 나의 적용

### 오늘의 감사

믿음으로 감사

소망으로 감사

사랑으로 감사

### 말씀암송

**벧전 3:4** 오직 마음에 숨은 □□을 온유하고 안정한 심령의 썩지 아니할 것으로 하라 이는 □□□ 앞에 값진 것이니라

## 말씀배경 지식

**그리스도의 승천 (시 68)**

'주께서 높은 곳으로 오르시며'라는 표현이며, 일차적으로 하나님의 임재의 상징인 법궤가 시온 산으로 옮겨진 것을 나타낸다. 궁극적으로 장차 오실 그리스도의 승리와 승천을 예표하는 것으로 보기도 한다.

137 일차 365

5월 17일

# 우리의 기업이신 하나님과 그의 백성 된 자의 삶

**민수기 26장 | 시편 69편 | 이사야 16장 | 베드로전서 4장**

## 말씀 연결 기업분배와 찬송 (민 26, 시 69)

### 민수기 26장 | 군대 계수와 기업분배

26:2 이스라엘 자손의 온 회중의 총수를 그들의 조상의 가문을 따라 조사하되 이스라엘 중에 이십 세 이상으로 능히 전쟁에 나갈 만한 모든 자를 계수하라 하시니

26:12 시므온 자손의 종족들은 이러하니 느무엘에게서 난 느무엘 종족과 야민에게서 난 야민 종족과 야긴에게서 난 야긴 종족과

26:15 갓 자손의 종족들은 이러하니 스본에게서 난 스본 종족과 학기에게서 난 학기 종족과 수니에게서 난 수니 종족과

26:19 유다의 아들들은 에르와 오난이라 이 에르와 오난은 가나안 땅에서 죽었고

26:28 요셉의 아들들의 종족들은 므낫세와 에브라임이요

26:38 베냐민 자손의 종족들은 이러하니 벨라에게서 난 벨라 종족과 아스벨에게서 난 아스벨 종족과 아히람에게서 난 아히람 종족과

26:57 레위인으로 계수된 자들의 종족들은 이러하니 게르손에게서 난 게르손 종족과 고핫에게서 난 고핫 종족과 므라리에게서 난 므라리 종족이며

### 시편 69편 | 노래로 하나님을 찬송

69:1 하나님이여 나를 구원하소서 물들이 내 영혼에까지 흘러 들어왔나이다

69:7 내가 주를 위하여 비방을 받았사오니 수치가 나의 얼굴에 덮였나이다

69:9 주의 집을 위하는 열성이 나를 삼키고 주를 비방하는 비방이 내게 미쳤나이다

69:10 내가 곡하고 금식하였더니 그것이 도리어 나의 욕이 되었으며

69:18 내 영혼에게 가까이하사 구원하시며 내 원수로 말미암아 나를 속량하소서

69:21 그들이 쓸개를 나의 음식물로 주며 목마를 때에는 초를 마시게 하였사오니

69:28 그들을 생명책에서 지우사 의인들과 함께 기록되지 말게 하소서

69:33 여호와는 궁핍한 자의 소리를 들으시며 자기로 말미암아 갇힌 자를 멸시하지 아니하시나니

오늘의 찬양
**찬송가 550장 | 시온의 영광이 빛나는 아침**

맥체인성경365
766p

## 말씀 연결 세우심과 삶 (사 16, 벧전 4)

### 이사야 16장 | 행위를 굳게 세우심

16:2 모압의 딸들은 아르논 나루에서 떠다니는 새 같고 보금자리에서 흩어진 새
새끼 같을 것이라

16:3 너는 방도를 베풀며 공의로 판결하며 대낮에 밤 같이 그늘을 지으며 쫓겨
난 자들을 숨기며 도망한 자들을 발각되게 하지 말며

16:7 그러므로 모압이 모압을 위하여 통곡하되 다 통곡하며 길하레셋 건포도 떡
을 위하여 그들이 슬퍼하며 심히 근심하리니

16:11 이러므로 내 마음이 모압을 위하여 수금 같이 소리를 발하며 내 창자가 길
하레셋을 위하여 그러하도다

### 베드로전서 4장 | 구원받은 백성의 삶

4:5 그들이 산 자와 죽은 자를 심판하기로 예비하신 이에게 사실대로 고하리라

4:6 이를 위하여 죽은 자들에게도 복음이 전파되었으니 이는 육체로는 사람으로
심판을 받으나 영으로는 하나님을 따라 살게 하려 함이라

4:18 또 의인이 겨우 구원을 받으면 경건하지 아니한 자와 죄인은 어디에 서리요

## 묵상 가이드

**민 26장** 가데스 바네아에서 하나님을 신뢰하지 못하고 10명의 정탐꾼들의 말을 더 신뢰한 백성들을 향해 하나님은 심판을 말씀하셨습니다. 신실함으로 하나님을 신뢰하고 의지한 여호수아와 갈렙만 가나안 땅에 들어가게 될 것을 말씀하셨고, 바로 그 말씀대로 이루어졌음을 전하고 있는 것입니다.

**시 69편** 고난 중에 하나님께 드리는 다윗의 기도로, 하나님을 향한 믿음과 은혜의 확신을 볼 수 있습니다. 다윗은 주님 때문에 비방을 받고 수치를 당하며 원수들의 모욕과 조롱을 받았습니다. 그러나 다윗은 넘어지지 않고 오히려 기도함으로 고난을 이겼습니다.

**사 16장** 모압의 헛된 교만과 자랑을 전하는 말씀으로, 이로 인해 하나님의 심판이 모압에 임함을 전하고 있습니다. 하나님께서 교만을 깨뜨리시고 심판하시며, 이로 인해 그들이 통곡하며 심히 근심하게 된다는 것을 보여 줍니다.

**벧전 4장** 성도의 삶은 죄와 단절되어야 함을 역설하고 또 고난 중에서도 종말을 고대하는 성도답게 기도와 사랑으로 하나님과 이웃을 대할 것을 가르치고 있습니다. 고난 중에 인내할 수 있는 원동력과 고난에 직면한 성도들이 갖추어야 할 자세에 대해 말씀하고 있습니다.

## 더 깊은 묵상

마지막 때를 살아가는 믿음의 삶에는 고난이 있습니다. 그러나 고난 중에 두려워하지 말고 하나님께 돌이켜 믿음으로 기도하면 됩니다. 고난 중에 오히려 기뻐하며, 하나님의 약속을 붙들고 영광 중에 다시 오실 주님을 바라보면 됩니다.

## 기도와 적용

### 말씀기도

❶ 만물의 마지막이 가까이 왔음을 기억하며 더욱 깨어 기도하게 하소서.
❷ 교만과 헛된 자랑을 버리고 헛된 믿음의 대상에서 돌이키게 하소서.
❸ 고난 중에 하나님의 약속이 더 크고 확실함을 깨닫고, 약속을 붙들고 고난을 이기게 하소서.

### 나의 적용

### 오늘의 감사

믿음으로 감사

소망으로 감사

사랑으로 감사

### 말씀암송

**벧전 4:6** 이를 위하여 죽은 자들에게도 ☐☐이 전파되었으니 이는 육체로는 사람으로 ☐☐을 받으나 영으로는 하나님을 따라 살게 하려 함이라

### 말씀배경 지식

**2차 인구조사 때에 각 지파별 증감**

르우벤 지파 43,730명(-2,770명), 시므온 지파 22,200명(-37,100명), 유다 지파 76,500명(+1,900명), 잇사갈 지파 64,300명(+3,100명), 스블론 지파 60,500명(+9,900명), 에브라임 지파 32,500명(-8,000명), 므낫세 지파 45,600명(+10,200명), 베냐민 지파 45,600명(+10,200명), 단 지파 64,400명(+1,700명), 아셀 지파 53,400명(+11,900명), 갓 지파 40,500명(-5,150명), 납달리 지파 45,400명(-8,000명) 등이다.

138 일차 365

5월 18일

# 우리의 기업이신 하나님과 그의 백성 된 자의 삶 (2)

**민수기 27장 | 시편 70-71편 | 이사야 17-18장 | 베드로전서 5장**

## 말씀 연결 요구와 도움 (민 27, 시 70-71)

### 민수기 27장 | 기업에 대한 요구

27:1 요셉의 아들 므낫세 종족들에게 므낫세의 현손 마길의 증손 길르앗의 손자
헤벨의 아들 슬로브핫의 딸들이 찾아왔으니 그의 딸들의 이름은 말라와 노아와
호글라와 밀가와 디르사라

27:3 우리 아버지가 광야에서 죽었으나 여호와를 거슬러 모인 고라의 무리에 들
지 아니하고 자기 죄로 죽었고 아들이 없나이다

27:8 너는 이스라엘 자손에게 말하여 이르기를 사람이 죽고 아들이 없으면 그의
기업을 그의 딸에게 돌릴 것이요

27:9 딸도 없으면 그의 기업을 그의 형제에게 줄 것이요

27:16 여호와, 모든 육체의 생명의 하나님이시여 원하건대 한 사람을 이 회중 위
에 세워서

### 시편 70-71편 | 도움과 소망되신 하나님

70:2 나의 영혼을 찾는 자들이 수치와 무안을 당하게 하시며 나의 상함을 기뻐
하는 자들이 뒤로 물러가 수모를 당하게 하소서

70:3 아하, 아하 하는 자들이 자기 수치로 말미암아 뒤로 물러가게 하소서

70:4 주를 찾는 모든 자들이 주로 말미암아 기뻐하고 즐거워하게 하시며 주의
구원을 사랑하는 자들이 항상 말하기를 하나님은 위대하시다 하게 하소서

71:1 여호와여 내가 주께 피하오니 내가 영원히 수치를 당하게 하지 마소서

71:5 주 여호와여 주는 나의 소망이시요 내가 어릴 때부터 신뢰한 이시라

71:7 나는 무리에게 이상한 징조 같이 되었사오나 주는 나의 견고한 피난처시오
니

71:9 늙을 때에 나를 버리지 마시며 내 힘이 쇠약할 때에 나를 떠나지 마소서

71:15 내가 측량할 수 없는 주의 공의와 구원을 내 입으로 종일 전하리이다

오늘의 찬양

**찬송가 240장 | 주가 맡긴 모든 역사**

맥체인성경365
**772p**

## 말씀 연결 기업되신 하나님의 뜻을 따름 (사 17-18, 벧전 5)

### 이사야 17-18장 | 기업되신 하나님께 예물을 드림

**17:1** 다메섹에 관한 경고라 보라 다메섹이 장차 성읍을 이루지 못하고 무너진 무더기가 될 것이라

**17:4** 그 날에 야곱의 영광이 쇠하고 그의 살진 몸이 파리하리니

**17:5** 마치 추수하는 자가 곡식을 거두어 가지고 그의 손으로 이삭을 벤 것 같고 르바임 골짜기에서 이삭을 주운 것 같으리라

**17:10** 이는 네가 네 구원의 하나님을 잊어버리며 네 능력의 반석을 마음에 두지 아니한 까닭이라 그러므로 네가 기뻐하는 나무를 심으며 이방의 나무 가지도 이종하는도다

**18:1** 슬프다 구스의 강 건너편 날개 치는 소리 나는 땅이여

### 베드로전서 5장 | 하나님의 뜻을 따름

**5:2** 너희 중에 있는 하나님의 양 무리를 치되 억지로 하지 말고 하나님의 뜻을 따라 자원함으로 하며 더러운 이득을 위하여 하지 말고 기꺼이 하며

**5:4** 그리하면 목자장이 나타나실 때에 시들지 아니하는 영광의 관을 얻으리라

**5:7** 너희 염려를 다 주께 맡기라 이는 그가 너희를 돌보심이라

**5:9** 너희는 믿음을 굳건하게 하여 그를 대적하라 이는 세상에 있는 너희 형제들도 동일한 고난을 당하는 줄을 앎이라

**5:13** 택하심을 함께 받은 바벨론에 있는 교회가 너희에게 문안하고 내 아들 마가도 그리하느니라

## 묵상 가이드

**민 27장** 가나안 땅 분배에 있어서 예외 조항이 마련되고 출애굽의 지도자 모세의 뒤를 이을 새 인물로 여호수아가 지명되는 장면을 보여 줍니다. 이처럼 율법으로 대표되는 모세에게 가나안 입성이 불허된 것은 하나님 나라는 율법이 아니라 은혜의 복음으로 들어갈 수 있음을 말씀하고 있습니다.

**시 70-71편** 70편은 절망적인 고통 중에서 하나님과 구원의 은혜를 호소하는 탄원시 입니다. 그리고 71편에서는 황혼의 때에 지나간 날들을 회고하며 조용히 하나님을 찬양하는 모습을 보여 줍니다. 고통과 탄식으로 얼룩진 생애라 할지라도 하나님의 은혜가 아닌 것이 없음을 고백할 수 있는 자야말로 복된 인생입니다.

**사 17-18장** 하나님을 잊어버리고 우상 숭배에 빠진 이스라엘을 향하여 심판을 선언하고 있는 말씀입니다. 하나님은 이스라엘에 끊임없이 선지자들을 보내셔서 회개하고 돌아오라고 말씀하셨습니다. 그러나 백성들은 끝까지 거역하고 돌아오지 않았습니다. 따라서 하나님의 심판이 내려질 수밖에 없었습니다.

**벧전 5장** 믿음의 삶에서 마귀의 공격이 있음을 전하는 말씀입니다. 마귀가 우는 사자 같이 두루 다니며 삼킬 자를 찾는다는 것입니다. 이 마귀의 공격에 넘어지지 말고, 오히려 마귀를 대적하여 승리해야 한다는 것입니다.

## 더 깊은 묵상

마지막까지 하나님의 말씀을 거역한 결과는 심판입니다. 따라서 깨닫고 속히 돌이켜야 하고, 오히려 마지막까지 하나님의 말씀에 순종해야 합니다. 고난과 마귀의 공격에도 마지막까지 믿음을 지키며, 주의 복음을 전해야 합니다.

## 기도와 적용

### 말씀기도

❶ 마지막까지 변함없이 주의 말씀에 귀 기울이고 순종하며 살아가게 하소서.
❷ 마귀를 대적하여 승리하며, 믿음의 고난 중에도 넘어지지 말고 끝까지 믿음을 지키게 하소서.
❸ 주의 복음을 전해야 하는 사명을 잊지 않고, 그 사명의 삶을 살게 하소서.

### 나의 적용

### 오늘의 감사

**믿음으로 감사**

**소망으로 감사**

**사랑으로 감사**

### 말씀암송

**시 71:5** 주 여호와여 주는 나의 □□이시요 내가 어릴 때부터 □□한 이시라

## 말씀배경 지식

**장로들에 대한 권면 (벧전 5:1)**
베드로전서가 쓰여질 당시에 장로들이 소아시아에 있는 교회들을 운영했다는 사실에 전제를 두고 있다. 그리고 베드로는 장로들이 직무를 수행하는 것에 대한 올바른 자세를 지시한다.

139 일차 365

# 예배 받으심

5월 19일

**민수기 28장 | 시편 72편 | 이사야 19-20장 | 베드로후서 1장**

## 말씀 연결 시기와 찬송 (민 28, 시 72)

### 민수기 28장 | 정한 시기

28:3 또 그들에게 이르라 너희가 여호와께 드릴 화제는 이러하니 일 년 되고 흠 없는 숫양을 매일 두 마리씩 상번제로 드리되

28:10 이는 상번제와 그 전제 외에 매 안식일의 번제니라

28:18 그 첫날에는 성회로 모일 것이요 아무 일도 하지 말 것이며

28:19 수송아지 두 마리와 숫양 한 마리와 일 년 된 숫양 일곱 마리를 다 흠 없는 것으로 여호와께 화제를 드려 번제가 되게 할 것이며

28:26 칠칠절 처음 익은 열매를 드리는 날에 너희가 여호와께 새 소제를 드릴 때에도 성회로 모일 것이요 아무 일도 하지 말 것이며

### 시편 72편 | 영원히 찬송함

72:1 하나님이여 주의 판단력을 왕에게 주시고 주의 공의를 왕의 아들에게 주소서

72:3 의로 말미암아 산들이 백성에게 평강을 주며 작은 산들도 그리하리로다

72:7 그의 날에 의인이 흥왕하여 평강의 풍성함이 달이 다할 때까지 이르리로다

72:12 그는 궁핍한 자가 부르짖을 때에 건지며 도움이 없는 가난한 자도 건지며

72:16 산 꼭대기의 땅에도 곡식이 풍성하고 그것의 열매가 레바논 같이 흔들리며 성에 있는 자가 땅의 풀 같이 왕성하리로다

**오늘의 찬양**
**찬송가 213장 | 나의 생명 드리니**

맥체인성경365
**776p**

## 말씀 연결 경배와 삶의 예배 (사 19-20, 벧후 1)

### 이사야 19-20장 | 애굽에서 경배를 받으심

**19:5** 바닷물이 없어지겠고 강이 잦아서 마르겠고

**19:10** 그의 기둥이 부서지고 품꾼들이 다 마음에 근심하리라

**19:15** 애굽에서 머리나 꼬리며 종려나무 가지나 갈대가 아무 할 일이 없으리라

**19:16** 그 날에 애굽이 부녀와 같을 것이라 그들이 만군의 여호와께서 흔드시는 손이 그들 위에 흔들림으로 말미암아 떨며 두려워할 것이며

**19:17** 유다의 땅은 애굽의 두려움이 되리니 이는 만군의 여호와께서 애굽에 대하여 정하신 계획으로 말미암음이라 그 소문을 듣는 자마다 떨리라

**20:6** 그 날에 이 해변 주민이 말하기를 우리가 믿던 나라 곧 우리가 앗수르 왕에게서 벗어나기를 바라고 달려가서 도움을 구하던 나라가 이같이 되었은즉 우리가 어찌 능히 피하리요 하리라

### 베드로후서 1장 | 영원한 나라에 들어가는 삶의 예배

**1:3** 그의 신기한 능력으로 생명과 경건에 속한 모든 것을 우리에게 주셨으니 이는 자기의 영광과 덕으로써 우리를 부르신 이를 앎으로 말미암음이라

**1:13** 내가 이 장막에 있을 동안에 너희를 일깨워 생각나게 함이 옳은 줄로 여기노니

**1:14** 이는 우리 주 예수 그리스도께서 내게 지시하신 것 같이 나도 나의 장막을 벗어날 것이 임박한 줄을 앎이라

**1:16** 우리 주 예수 그리스도의 능력과 강림하심을 너희에게 알게 한 것이 교묘히 만든 이야기를 따른 것이 아니요 우리는 그의 크신 위엄을 친히 본 자라

**1:19** 또 우리에게는 더 확실한 예언이 있어 어두운 데를 비추는 등불과 같으니 날이 새어 샛별이 너희 마음에 떠오르기까지 너희가 이것을 주의하는 것이 옳으니라

## 묵상 가이드

**민 28장** 이스라엘이 가나안 땅에 들어가 드려야 할 각종 제사와 관련된 내용을 소개하고 있습니다. 하나님 앞에 드려야 하는 제사에 대해 짚어주고 있는 말씀으로, 날마다 드려야 하는 제사, 초하루에 드리는 제사, 안식일에 드리는 제사, 칠칠절에 드리는 제사를 말씀하고 있습니다.

**시 72편** 의로운 왕의 통치와 이를 통한 은혜를 보여 주고 있는 말씀입니다. 곧 주님의 판단력을 받은 왕이 공의를 따라 가난한 백성들 편에 서서 그 나라를 통치할 때에, 나라와 백성들에게 놀라운 축복이 주어진다는 것을 보여 줍니다.

**사 19-20장** 은혜와 축복을 전하는 말씀입니다. 하나님께서 심판하셨으나 깨닫고, 모든 우상을 물리치고 하나님께 예배하며 은혜를 구하면 하나님께서 간구에 응답하셔서 용서와 구원과 치료와 회복의 은혜를 주신다는 것입니다.

**벧후 1장** 베드로후서는 주로 교회 내적인 문제점들을 다루고 있습니다. 하나님의 부르심과 택하심에 마땅한 삶을 살아가며, 믿음을 굳게 지키라는 말씀입니다. 하나님을 예배하며 믿음을 지키는 자에게 하나님의 나라가 넉넉히 주어진다는 것을 보여 줍니다.

## 더 깊은 묵상

하나님은 제사보다는 우리 삶의 예배를 더 기쁘게 받으시는 하나님이십니다. 우리의 삶 속에서 하나님의 임재를 체험하고, 우리의 삶이 하나님께 드리는 찬송의 삶이 될 때 우리는 영원한 하나님의 나라에 들어갈 것입니다. 예배하는 우리에게 용서의 축복, 주의 다스림의 축복, 영원한 나라의 축복이 주어집니다.

## 기도와 적용

### 말씀기도

❶ 힘써 주님을 예배하며 주님이 주시는 풍성한 은혜와 축복을 누리게 하소서.
❷ 믿음의 사람으로 마땅히 하나님 앞에 드려야 하는 예배를 힘써 드리게 하소서.
❸ 주의 부르심과 택하심에 굳게 서서 삶의 예배를 드리게 하소서.

### 나의 적용

### 오늘의 감사

**믿음으로 감사**

**소망으로 감사**

**사랑으로 감사**

### 말씀암송

**벧후 1:16** 우리 주 예수 그리스도의 ☐☐과 강림하심을 너희에게 알게 한 것이 교묘히 만든 이야기를 따른 것이 아니요 우리는 그의 크신 ☐☐을 친히 본 자라

## 말씀배경 지식

**멸망의 성읍 (사 19:18)**

여호와에게 충성을 맹세하는 애굽의 다섯 성읍 가운데 한 곳으로 위치는 불명하며, 이곳이 '태양의 성읍'이라고 불리는 것으로 보아 태양 숭배의 중심지로 너리 알려진 '헬리오폴리스'를 가리키는 것으로 보인다.

140 일차/365

5월 20일

# 경건한 자와 불의한 자

민수기 29장 | 시편 73편 | 이사야 21장 | 베드로후서 2장

## 말씀 연결 지킬 성회와 가까이 함 (민 29, 시 73)

### 민수기 29장 | 경건한 자가 지킬 성회

29:1 일곱째 달에 이르러는 그 달 초하루에 성회로 모이고 아무 노동도 하지 말
라 이는 너희가 나팔을 불 날이니라

29:7 일곱째 달 열흘 날에는 너희가 성회로 모일 것이요 너희의 심령을 괴롭게
하며 아무 일도 하지 말 것이니라

29:17 둘째 날에는 수송아지 열두 마리와 숫양 두 마리와 일 년 되고 흠 없는 숫
양 열네 마리를 드릴 것이며

29:18 그 소제와 전제는 수송아지와 숫양과 어린 양의 수효를 따라서 규례대로
할 것이며

29:35 여덟째 날에는 장엄한 대회로 모일 것이요 아무 일도 하지 말 것이며

### 시편 73편 | 하나님께 가까이 함

73:9 그들의 입은 하늘에 두고 그들의 혀는 땅에 두루 다니도다

73:20 주여 사람이 깬 후에는 꿈을 무시함 같이 주께서 깨신 후에는 그들의 형상
을 멸시하시리이다

73:22 내가 이같이 우매 무지함으로 주 앞에 짐승이오나

73:27 무릇 주를 멀리하는 자는 망하리니 음녀 같이 주를 떠난 자를 주께서 다 멸
하셨나이다

오늘의 찬양
찬송가 214장 | 나 주의 도움 받고자

맥체인성경365
781p

**말씀 연결** 멸망과 결국 (사 21, 벧후 2)

### 이사야 21장 | 불의한 자의 멸망

21:1 해변 광야에 관한 경고라 적병이 광야에서, 두려운 땅에서 네겝 회오리바
람 같이 몰려왔도다

21:3 이러므로 나의 요통이 심하여 해산이 임박한 여인의 고통 같은 고통이 나
를 엄습하였으므로 내가 괴로워서 듣지 못하며 놀라서 보지 못하도다

21:11 두마에 관한 경고라 사람이 세일에서 나를 부르되 파수꾼이여 밤이 어떻
게 되었느냐 파수꾼이여 밤이 어떻게 되었느냐

### 베드로후서 2장 | 거짓 선생들의 결국

2:7 무법한 자들의 음란한 행실로 말미암아 고통 당하는 의로운 롯을 건지셨으
니

2:10 특별히 육체를 따라 더러운 정욕 가운데서 행하며 주관하는 이를 멸시하는
자들에게는 형벌할 줄 아시느니라 이들은 당돌하고 자긍하며 떨지 않고 영광 있
는 자들을 비방하거니와

2:14 음심이 가득한 눈을 가지고 범죄하기를 그치지 아니하고 굳세지 못한 영혼
들을 유혹하며 탐욕에 연단된 마음을 가진 자들이니 저주의 자식이라

2:15 그들이 바른 길을 떠나 미혹되어 브올의 아들 발람의 길을 따르는도다 그
는 불의의 삯을 사랑하다가

2:17 이 사람들은 물 없는 샘이요 광풍에 밀려 가는 안개니 그들을 위하여 캄캄
한 어둠이 예비되어 있나니

묵상 가이드

**민 29장** 하나님의 백성으로 지켜야 하는 절기와 그때 드려야 하는 제사에 대해 말씀하고 있습니다. 이처럼 신년 정월에 제사들이 집중되어 있는 것은 한 해의 시작을 하나님께 드리고 하나님께서 인도해주시기를 바라는 경건한 의미가 담겨 있다는 것을 보여 줍니다.

**시 73편** 하나님의 성소에서 예배하는 가운데 악인들의 종말에 대해 깨닫고 믿음의 시험에서 이길 수 있었다는 말씀입니다. 믿음의 삶에 여러 유혹과 위기와 어려움이 있지만, 예배를 통해 넘어지지 않을 수 있다는 것을 보여 줍니다.

**사 21장** 바벨론의 심판을 예언한 말씀입니다. 앗수르라는 대제국을 무너뜨리고 남 왕국 유다까지 멸망시킨 바벨론의 교만함이 하나님의 심판으로 이어지게 되고, 영원할 것 같았던 제국은 하나님의 심판으로 무너지게 된다는 것입니다.

**벧후 2장** 거짓 선생들의 출현과 그들에게 내려진 심판에 대한 교훈, 거짓 선생들의 특징과 죄악상 그리고 이단에 의한 배교의 어리석음을 경고하고 있습니다. 따라서 거짓 선지자들을 주의하고 더욱 경건에 힘써야 함을 강조하는 말씀입니다.

더 깊은 묵상

하나님께 드리는 예배는 타협할 수 없습니다. 하나님께 드리는 예배는 헛되지 않아 심판에서 우리를 구원합니다. 믿음의 유혹과 시험에서 넘어지지 않도록 지켜줍니다. 하나님께 드리는 예배를 통해 하나님께 더 가까이 나아가며, 경건을 훈련하는 삶이 되어야 합니다.

## 기도와 적용

### 말씀기도

❶ 하나님 앞에 드리는 예배는 타협할 수 없음을 깨닫고 기쁨으로 예배하는 삶을 살게 하소서.
❷ 악인의 형통함으로 넘어지지 않게 하시고, 믿음을 지키게 하소서.
❸ 거짓된 유혹에서 믿음을 지키고 경건함으로 주께서 건지시는 은혜를 누리게 하소서.

### 나의 적용

### 오늘의 감사

**믿음으로 감사**

**소망으로 감사**

**사랑으로 감사**

### 말씀암송

**시 73:27** 무릇 주를 멀리하는 자는 망하리니 ☐☐ 같이 주를 떠난 자를 주께서 다 멸하셨나이다

### 말씀배경 지식

민수기의 '규례대로 할 것이며'는 이스라엘이 선민의 자긍심을 갖는 것은 자신들이 아브라함의 후손이자 하나님의 말씀을 맡은 민족이기 때문이다. 하지만 하나님은 당신의 말씀을 제대로 따르는 자를 가까이 하셨으며, 그 규례대로 행하는 자의 삶에 복을 내리셨다. 말씀을 도외시한 이념적 신앙, 행함이 없는 신앙인을 하나님은 싫어하신다.

141 일차 365

# 심판

5월 21일

민수기 30장 | 시편 74편 | 이사야 22장 | 베드로후서 3장

## 말씀 연결 서원과 심판하심 (민 30, 시 74)

### 민수기 30장 | 개인의 서원 (서약의 심판)

30:4 그의 아버지가 그의 서원이나 그가 결심한 서약을 듣고도 그에게 아무 말이 없으면 그의 모든 서원을 행할 것이요 그가 결심한 서약을 지킬 것이니라

30:7 그의 남편이 그것을 듣고 그 듣는 날에 그에게 아무 말이 없으면 그 서원을 이행할 것이요 그가 결심한 서약을 지킬 것이니라

30:15 그러나 그의 남편이 들은 지 얼마 후에 그것을 무효하게 하면 그가 아내의 죄를 담당할 것이니라

### 시편 74편 | 대적과 모든 피조물을 심판하심

74:1 하나님이여 주께서 어찌하여 우리를 영원히 버리시나이까 어찌하여 주께서 기르시는 양을 향하여 진노의 연기를 뿜으시나이까

74:2 옛적부터 얻으시고 속량하사 주의 기업의 지파로 삼으신 주의 회중을 기억하시며 주께서 계시던 시온 산도 생각하소서

74:13 주께서 주의 능력으로 바다를 나누시고 물 가운데 용들의 머리를 깨뜨리셨으며

74:19 주의 멧비둘기의 생명을 들짐승에게 주지 마시며 주의 가난한 자의 목숨을 영원히 잊지 마소서

74:20 그 언약을 눈여겨 보소서 무릇 땅의 어두운 곳에 포악한 자의 처소가 가득하나이다

74:22 하나님이여 일어나 주의 원통함을 푸시고 우매한 자가 종일 주를 비방하는 것을 기억하소서

오늘의 찬양
찬송가 313장 | 내 임금 예수 내 주여

맥체인성경365
786p

## 말씀 연결 환난과 심판 (사 22, 벧후 3)

### 이사야 22장 | 환난의 날

22:1 환상의 골짜기에 관한 경고라 네가 지붕에 올라감은 어찌함인고

22:8 그가 유다에게 덮였던 것을 벗기매 그 날에야 네가 수풀 곳간의 병기를 바라보았고

22:11 너희가 또 옛 못의 물을 위하여 두 성벽 사이에 저수지를 만들었느니라 그러나 너희가 이를 행하신 이를 앙망하지 아니하였고 이 일을 옛적부터 경영하신 이를 공경하지 아니하였느니라

22:22 내가 또 다윗의 집의 열쇠를 그의 어깨에 두리니 그가 열면 닫을 자가 없겠고 닫으면 열 자가 없으리라

22:25 만군의 여호와께서 이르시되 그 날에는 단단한 곳에 박혔던 못이 삭으리니 그 못이 부러져 떨어지므로 그 위에 걸린 물건이 부서지리라 하셨다 하라 나 여호와의 말이니라

### 베드로후서 3장 | 심판의 본심

3:1 사랑하는 자들아 내가 이제 이 둘째 편지를 너희에게 쓰노니 이 두 편지로 너희의 진실한 마음을 일깨워 생각나게 하여

3:3 먼저 이것을 알지니 말세에 조롱하는 자들이 와서 자기의 정욕을 따라 행하며 조롱하여

3:5 이는 하늘이 옛적부터 있는 것과 땅이 물에서 나와 물로 성립된 것도 하나님의 말씀으로 된 것을 그들이 일부러 잊으려 함이로다

3:10 그러나 주의 날이 도둑 같이 오리니 그 날에는 하늘이 큰 소리로 떠나가고 물질이 뜨거운 불에 풀어지고 땅과 그 중에 있는 모든 일이 드러나리로다

3:14 그러므로 사랑하는 자들아 너희가 이것을 바라보나니 주 앞에서 점도 없고 흠도 없이 평강 가운데서 나타나기를 힘쓰라

3:16 또 그 모든 편지에도 이런 일에 관하여 말하였으되 그 중에 알기 어려운 것이 더러 있으니 무식한 자들과 굳세지 못한 자들이 다른 성경과 같이 그것도 억지로 풀다가 스스로 멸망에 이르느니라

## 묵상 가이드

**민 30장** 서원에 대한 말씀으로, 하나님 앞에서 서원하고 서약한 것은 가벼이 여기지 말고 지켜야 할 것을 가르치는 말씀입니다. 경솔히 서원하지 말아야 함과 일시적 감정으로 무분별하게 서원하지 말아야 함을 교훈하고 있습니다. 서원한 것에 대해서는 힘을 다해 지켜가야 한다는 것을 말씀하고 있습니다.

**시 74편** 하나님께서 그 백성에게 하신 언약을 붙잡고 긍휼과 구원을 구하고 있는 말씀입니다. 하나님의 소유된 이스라엘을 침탈한 원수들에게서 속히 구원해 달라고 온 우주를 다스리시는 하나님께 호소하고 있습니다.

**사 22장** 하나님의 경고를 무시하고 죄악에 빠진 유다가 이방에 의해 수치와 모욕을 당할 것과 탐욕과 부패로 물든 유다의 지도자들에게 미칠 하나님의 심판이 소개됩니다. 적의 침략을 막기 여러 방비를 하면서도 정작 가장 중요한 하나님을 앙망하지 않았다는 것입니다.

**벧후 3장** 주의 약속은 더디지 않으며, 모두가 회개하고 구원하기를 바라시고, 주님께서 그 사랑으로 오래 참고 계신다는 것을 전하는 말씀입니다. 그리스도의 재림을 소망하는 성도들에게 요구되는 영적인 준비와 성장에 관해 언급하고 있습니다.

## 더 깊은 묵상

주의 약속은 더디지 않고 반드시 주님의 때에 이루어집니다. 따라서 주의 약속을 믿음으로 붙들고, 고난과 절망 중에서도 주의 약속을 통해 소망을 가져야 합니다. 반드시 약속을 이루시는 신실하신 주님 앞에 우리도 약속을 지키며 신실해야 합니다.

## 기도와 적용

### 말씀기도

❶ 주님의 약속은 더디지 않음을 깨닫고, 믿음으로 그 약속을 기다리게 하소서.
❷ 큰 환난과 고통을 만나도 끝까지 주의 약속을 붙들게 하소서.
❸ 경솔히 서원하지 않게 하시고, 주님 앞에 드린 서원은 힘을 다해 지키게 하소서.

### 나의 적용

### 오늘의 감사

**믿음으로 감사**

**소망으로 감사**

**사랑으로 감사**

### 말씀암송

사 22:22 내가 또 다윗의 집의 ☐☐를 그의 ☐☐에 두리니 그가 열면 닫을 자가 없겠고 닫으면 열 자가 없으리라

### 말씀배경 지식

**리워야단(시 74:14)** '용'처럼 혼돈과 악의 힘을 나타내는 상징적, 신화적인 괴물이다. 성경에서 리워야단은 용(사 27:1), 뱀(창 3:1), 바다 괴물인 악어(욥 41:1), 고래(시 104:26) 등으로 나타난다.

142 일차 365

5월 22일

# 심판과 구원

**민수기 31장 | 시편 75-76편 | 이사야 23장 | 요한일서 1장**

## 말씀 연결 정결과 심판 (민 31, 시 75-76)

### 민수기 31장 | 정결함

31:3 모세가 백성에게 말하여 이르되 너와 함께 있는 사람들 가운데서 전쟁에 나
갈 사람들을 무장시키고 미디안을 치러 보내어 여호와의 원수를 갚되

31:17 그러므로 아이들 중에서 남자는 다 죽이고 남자와 동침하여 사내를 아는
여자도 다 죽이고

31:19 너희는 이레 동안 진영 밖에 주둔하라 누구든지 살인자나 죽임을 당한 사
체를 만진 자는 셋째 날과 일곱째 날에 몸을 깨끗하게 하고 너희의 포로도 깨끗
하게 할 것이며

31:23 불에 견딜 만한 모든 물건은 불을 지나게 하라 그리하면 깨끗하려니와 다
만 정결하게 하는 물로 그것을 깨끗하게 할 것이며 불에 견디지 못할 모든 것은
물을 지나게 할 것이니라

31:24 너희는 일곱째 날에 옷을 빨아서 깨끗하게 한 후에 진영에 들어올지니라

31:27 그 얻은 물건을 반분하여 그 절반은 전쟁에 나갔던 군인들에게 주고 절반
은 회중에게 주고

31:50 우리 각 사람이 받은 바 금 패물 곧 발목 고리, 손목 고리, 인장 반지, 귀 고
리, 목걸이들을 여호와께 헌금으로 우리의 생명을 위하여 여호와 앞에 속죄하려
고 가져왔나이다

### 시편 75-76편 | 섞은 잔을 쏟아내시는 심판

75:2 주의 말씀이 내가 정한 기약이 이르면 내가 바르게 심판하리니

75:3 땅의 기둥은 내가 세웠거니와 땅과 그 모든 주민이 소멸되리라 하시도다 (셀
라)

75:7 오직 재판장이신 하나님이 이를 낮추시고 저를 높이시느니라

76:2 그의 장막은 살렘에 있음이여 그의 처소는 시온에 있도다

76:4 주는 약탈한 산에서 영화로우시며 존귀하시도다

76:5 마음이 강한 자도 가진 것을 빼앗기고 잠에 빠질 것이며 장사들도 모두 그들
에게 도움을 줄 손을 만날 수 없도다

오늘의 찬양
찬송가 333장 | 충성하라 죽도록

맥체인성경365
790p

## 말씀 연결 열방의 구원 (사 23, 요일 1)

### 이사야 23장 | 열방의 통치자

23:7 이것이 옛날에 건설된 너희 희락의 성 곧 그 백성이 자기 발로 먼 지방까지
가서 머물던 성읍이냐

23:8 면류관을 씌우던 자요 그 상인들은 고관들이요 그 무역상들은 세상에 존귀
한 자들이었던 두로에 대하여 누가 이 일을 정하였느냐

23:12 이르시되 너 학대 받은 처녀 딸 시돈아 네게 다시는 희락이 없으리니 일어
나 깃딤으로 건너가라 거기에서도 네가 평안을 얻지 못하리라 하셨느니라

23:15 그 날부터 두로가 한 왕의 연한 같이 칠십 년 동안 잊어버린 바 되었다가
칠십 년이 찬 후에 두로는 기생의 노래 같이 될 것이라

### 요한일서 1장 | 하나님의 구원

1:1 태초부터 있는 생명의 말씀에 관하여는 우리가 들은 바요 눈으로 본 바요 자세
히 보고 우리의 손으로 만진 바라

1:3 우리가 보고 들은 바를 너희에게도 전함은 너희로 우리와 사귐이 있게 하려 함
이니 우리의 사귐은 아버지와 그의 아들 예수 그리스도와 더불어 누림이라

1:4 우리가 이것을 씀은 우리의 기쁨이 충만하게 하려 함이라

1:5 우리가 그에게서 듣고 너희에게 전하는 소식은 이것이니 곧 하나님은 빛이시
라 그에게는 어둠이 조금도 없으시다는 것이니라

## 묵상 가이드

**민 31장** 가나안 정복 전쟁의 전초전에 해당하는 미디안 족속과의 전쟁과 승전 후의 정결례 및 전리품 분배 장면을 보여 줍니다. 하나님의 명령에 순종하여 싸울 때 승리할 수 있었음을 보여 주는 말씀입니다. 이기고 지는 승패가 하나님 손에 있음을 말씀하고 있습니다.

**시 75-76편** 75편은 이 세상을 공의로 통치하시며 재판하시는 하나님께 찬송을 드린 감사시 입니다. 그리고 76편은 대적을 이기신 하나님의 능력과 승리에 대한 찬양시 입니다. 하나님을 믿는 자는 하나님의 의롭고 공평한 통치를 힘입어 왜곡된 현실을 이겨낼 수 있는 것을 보여 줍니다.

**사 23장** 페니키아의 중요 항구 도시인 두로와 시돈에 대한 하나님의 질타와 경고를 언급하고 있는데 특히 멸망한 두로가 70년 후 다시 복구될 것과 죄악에서 돌이키게 될 것이라는 회복의 메시지가 소개됨으로써 하나님 앞에서 참회하는 일이 얼마나 중요하고 소망 찬 일인가를 웅변적으로 말해주고 있습니다.

**요일 1장** 요한복음과 밀접한 관계가 있는 이 책은 성육신하시어 이 땅에 사랑과 진리의 원형을 제시하신 예수 그리스도의 삶과 인격과 가르침에 초점이 맞춰져 있습니다. 죄를 깨닫고 주님 앞에 진실하게 고하면 신실하시고 의로우신 주님이 모든 죄를 사하시고 깨끗하게 하신다는 말씀입니다.

## 더 깊은 묵상

모든 것이 하나님 손에 있습니다. 우리의 삶의 승리와 패배도, 높아짐과 낮아짐도, 존귀함과 비천함도, 그리고 정죄와 죄 사함도 모두 하나님 손에 있습니다. 따라서 겸손히 하나님의 뜻에 순종하며 그 은혜를 구하며 살아야 합니다.

## 기도와 적용

### 말씀기도

❶ 삶의 승리가 주님의 손 안에 있음을 깨닫고, 오직 주님만을 의지하게 하소서.

❷ 겸손하게 주님을 의지함으로 주님의 은혜와 축복을 풍성히 누리게 하소서.

❸ 진실함과 겸손함으로 우리의 죄를 자백하여 죄 사함의 은혜를 누리게 하소서.

### 나의 적용

### 오늘의 감사

**믿음으로 감사**

**소망으로 감사**

**사랑으로 감사**

### 말씀암송

**요일 1:3** 우리가 보고 들은 바를 너희에게도 전함은 너희로 우리와 □□이 있게 하려 함이니 우리의 □□은 아버지와 그의 아들 예수 그리스도와 더불어 누림이라

## 말씀배경 지식

**민수기 22장**

하나님은 미디안 족속을 정복할 것을 명령하셨는데 그 이유는 이전에 미디안 족속이 이스라엘을 꾀어 음행을 저지르게 했기 때문이다. 여기서 우리는 하나님 백성을 실족하게 한 이방 족속에 대해서 하나님께서 공의로 심판하시는 것을 본다.

## 꼬였던 일도 풀리게 해주는 웃음

기뻐서 웃는 것보다는 웃으니까 기뻐진다. 안 좋은 일이 있어도 웃으니까 꼬였던 일이 풀리면서 기뻐지게 된다. 기뻐서 웃는 것보다, 웃으니까 기뻐지고 그래서 행복해 진다.
일부러 웃어도, 억지로 웃어도 그 효과가 90%라면 지금부터 억지

로라도, 일부러라도, 소리를 내서 웃어보자. 겸손한 사람, 자기가 부족한 것을 깨닫는 사람이 웃을 수 있다. 웃으면 몸 안에 있는 병적인 세포들이 죽게 된다. 그리하여 웃는 순간 건강의 회복이 시작된다.

황수관 박사가 조언하는 건강상식 / 도서출판 세줄

143 일차 365

5월 23일

# 하나님의 뜻을 행하는 자

민수기 32장 | 시편 77편 | 이사야 24장 | 요한일서 2장

## 말씀 연결 갈렙, 여호수아, 모세, 아론 (민 32, 시 77)

### 민수기 32장 | 갈렙과 여호수아

32:1 르우벤 자손과 갓 자손은 심히 많은 가축 떼를 가졌더라 그들이 야셀 땅과 길르앗 땅을 본즉 그 곳은 목축할 만한 장소인지라

32:6 모세가 갓 자손과 르우벤 자손에게 이르되 너희 형제들은 싸우러 가거늘 너희는 여기 앉아 있고자 하느냐

32:9 그들이 에스골 골짜기에 올라가서 그 땅을 보고 이스라엘 자손을 낙심하게 하여서 여호와께서 그들에게 주신 땅으로 갈 수 없게 하였었느니라

32:12 그러나 그나스 사람 여분네의 아들 갈렙과 눈의 아들 여호수아는 여호와를 온전히 따랐느니라 하시고

32:18 이스라엘 자손이 각기 기업을 받기까지 우리 집으로 돌아오지 아니하겠사오며

32:20 모세가 그들에게 이르되 너희가 만일 이 일을 행하여 무장하고 여호와 앞에서 가서 싸우되

32:23 너희가 만일 그같이 아니하면 여호와께 범죄함이니 너희 죄가 반드시 너희를 찾아낼 줄 알라

32:28 이에 모세가 그들에 대하여 제사장 엘르아살과 눈의 아들 여호수아와 이스라엘 자손 지파의 수령들에게 명령하니라

### 시편 77편 | 모세와 아론

77:6 밤에 부른 노래를 내가 기억하여 내 심령으로, 내가 내 마음으로 간구하기를

77:10 또 내가 말하기를 이는 나의 잘못이라 지존자의 오른손의 해

77:11 곧 여호와의 일들을 기억하며 주께서 옛적에 행하신 기이한 일을 기억하리이다

77:15 주의 팔로 주의 백성 곧 야곱과 요셉의 자손을 속량하셨나이다 (셀라)

77:16 하나님이여 물들이 주를 보았나이다 물들이 주를 보고 두려워하며 깊음도 진동하였고

오늘의 찬양
**찬송가 439장 | 십자가로 가까이**

맥체인성경365
795p

## 말씀 연결 영화롭게 할 자, 대언자 (사 24, 요일 2)

### 이사야 24장 | 하나님의 이름을 영화롭게 할 자

24:7 새 포도즙이 슬퍼하고 포도나무가 쇠잔하며 마음이 즐겁던 자가 다 탄식하
며

24:13 세계 민족 중에 이러한 일이 있으리니 곧 감람나무를 흔듦 같고 포도를 거
둔 후에 그 남은 것을 주움 같을 것이니라

24:21 그 날에 여호와께서 높은 데에서 높은 군대를 벌하시며 땅에서 땅의 왕들
을 벌하시리니

### 요한일서 2장 | 대언자 예수 그리스도

2:1 나의 자녀들아 내가 이것을 너희에게 씀은 너희로 죄를 범하지 않게 하려 함이
라 만일 누가 죄를 범하여도 아버지 앞에서 우리에게 대언자가 있으니 곧 의로우신
예수 그리스도시라

2:6 그의 안에 산다고 하는 자는 그가 행하시는 대로 자기도 행할지니라

2:12 자녀들아 내가 너희에게 쓰는 것은 너희 죄가 그의 이름으로 말미암아 사함을
받았음이요

2:13 아비들아 내가 너희에게 쓰는 것은 너희가 태초부터 계신 이를 알았음이요 청
년들아 내가 너희에게 쓰는 것은 너희가 악한 자를 이기었음이라

## 묵상 가이드

**민 32장** 가나안 전쟁이라는 긴박한 상황을 눈앞에 두고 두 지파(르우벤, 갓)의 전쟁 불참과 요단 동쪽 땅을 달라는 요구로 자칫 내분에 휩싸일 수 있으나 모세의 권위 있는 대안 제시로 분란을 막고 요단 동쪽 땅을 분배해주는 것을 보여 줍니다.

**시 77편** 아삽의 시편으로, 오랜 고통과 절망적인 현실로 인해 곤핍해진 시인이 오직 하나님께만 구원이 있음을 확신하고 하나님께 온 힘을 다해 도움을 호소하는 것을 보여 줍니다.

**사 24장** 온 세상의 주인이신 하나님이 뭇 민족들을 심판하시고 당신의 백성은 구원하신다는 종말론적 메시지가 소개됩니다. 그리고 하나님의 심판으로 온 땅이 황폐하게 될 것과 살아남은 자 외에 모든 자들이 기쁨을 알게 될 것, 그리고 좀 더 강력한 심판 선언이 언급되고 있습니다.

**요일 2장** 하나님과 신령한 교재를 나누는 삶에 대한 지침과 세상을 사랑하지 말 것에 대한 권면 그리고 적그리스도에 대한 경고의 메시지가 소개되고 있습니다. 화목 제물 되신 예수 그리스도를 통해 우리의 죄를 해결할 수 있음을 가르치는 말씀입니다. 죄를 해결하면 하나님의 진노를 피할 수 있습니다.

## 더 깊은 묵상

하나님의 진노와 이로 인한 심판은 그 누구도 피할 수 없습니다. 하나님의 진노는 우리를 멸망으로 이끌며, 두려움과 절망에 이르게 합니다. 따라서 예수 그리스도밖에 없습니다. 오직 화목제물 되신 예수 그리스도만이 우리의 죄를 씻고 하나님의 진노를 은혜로 바꿉니다.

## 기도와 적용

### 말씀기도

❶ 하나님을 믿고 말씀에 순종하여 하나님의 진노에서 떠난 삶을 살게 하소서.
❷ 하나님의 은혜를 통해 확신과 소망의 삶을 살게 하소서.
❸ 화목제물 되신 예수 그리스도를 믿는 믿음으로 하나님의 은혜를 계속해서 누리게 하소서.

### 나의 적용

### 오늘의 감사

믿음으로 감사

소망으로 감사

사랑으로 감사

## 말씀암송

사 24:21 그 날에 여호와께서 높은 데에서 ☐☐ ☐
☐를 벌하시며 땅에서 땅의 왕들을 벌하시리니

## 말씀배경 지식

**적그리스도 (요일 2:8)**

'적그리스도를 대적하는 자', '그리스도의 자리에 자신을 대신 세우는 자'라는 뜻이다. 사도 요한의 시각에서 적그리스도는 하나님과 그의 아들 예수와 예수의 몸 된 교회를 대적하는 각종 불법자와 이단의 무리를 지칭한다. 특히 그리스도의 인성을 부인하고 복음을 변절시키는 영지주의자들이 이에 속한다. 또 종말의 때에 사탄으로부터 큰 능력과 권세를 받고 교회를 궤멸시키고자 핍박과 미혹을 행하는 무리를 뜻하기도 한다.

# 도전(배반)과 구원

민수기 33장 | 시편 78편 1-37절 | 이사야 25장 | 요한일서 3장

## 말씀 연결 도전과 하나님의 구원 (민 33, 시 78:1-37)

### 민수기 33장 | 거할 땅에서의 도전

33:1 모세와 아론의 인도로 대오를 갖추어 애굽을 떠난 이스라엘 자손들의 노정은 이러하니라

33:4 애굽인은 여호와께서 그들 중에 치신 그 모든 장자를 장사하는 때라 여호와께서 그들의 신들에게도 벌을 주셨더라

33:8 하히롯 앞을 떠나 광야를 바라보고 바다 가운데를 지나 에담 광야로 사흘 길을 가서 마라에 진을 치고

33:37 가데스를 떠나 에돔 땅 변경의 호르 산에 진을 쳤더라

33:49 요단 강 가 모압 평지의 진영이 벧여시못에서부터 아벨싯딤에 이르렀더라

33:50 여리고 맞은편 요단 강 가 모압 평지에서 여호와께서 모세에게 말씀하여 이르시되

33:55 너희가 만일 그 땅의 원주민을 너희 앞에서 몰아내지 아니하면 너희가 남겨둔 자들이 너희의 눈에 가시와 너희의 옆구리에 찌르는 것이 되어 너희가 거주하는 땅에서 너희를 괴롭게 할 것이요

### 시편 78편 1-37절 | 백성의 배반과 하나님의 구원

78:5 여호와께서 증거를 야곱에게 세우시며 법도를 이스라엘에게 정하시고 우리 조상들에게 명령하사 그들의 자손에게 알리라 하셨으니

78:8 그들의 조상들 곧 완고하고 패역하여 그들의 마음이 정직하지 못하며 그 심령이 하나님께 충성하지 아니하는 세대와 같이 되지 아니하게 하려 하심이로다

78:12 옛적에 하나님이 애굽 땅 소안 들에서 기이한 일을 그들의 조상들의 목전에서 행하셨으되

78:13 그가 바다를 갈라 물을 무더기 같이 서게 하시고 그들을 지나가게 하셨으며

78:14 낮에는 구름으로, 밤에는 불빛으로 인도하셨으며

78:20 보라 그가 반석을 쳐서 물을 내시니 시내가 넘쳤으나 그가 능히 떡도 주시며 자기 백성을 위하여 고기도 예비하시랴 하였도다

오늘의 찬양
찬송가 391장 | 오 놀라운 구세주

맥체인성경365
800p

## 말씀 연결 찬양과 계명 (사 25, 요일 3)

### 이사야 25장 | 구원자 하나님을 찬양함

25:1 여호와여 주는 나의 하나님이시라 내가 주를 높이고 주의 이름을 찬송하오
리니 주는 기사를 옛적에 정하신 뜻대로 성실함과 진실함으로 행하셨음이라

25:5 마른 땅에 폭양을 제함 같이 주께서 이방인의 소란을 그치게 하시며 폭양
을 구름으로 가림 같이 포학한 자의 노래를 낮추시리이다

25:6 만군의 여호와께서 이 산에서 만민을 위하여 기름진 것과 오래 저장하였던
포도주로 연회를 베푸시리니 곧 골수가 가득한 기름진 것과 오래 저장하였던 맑
은 포도주로 하실 것이며

25:7 또 이 산에서 모든 민족의 얼굴을 가린 가리개와 열방 위에 덮인 덮개를 제
하시며

### 요한일서 3장 | 계명을 지켜야 함

3:1 보라 아버지께서 어떠한 사랑을 우리에게 베푸사 하나님의 자녀라 일컬음을
받게 하셨는가, 우리가 그러하도다 그러므로 세상이 우리를 알지 못함은 그를 알지
못함이라

3:9 하나님께로부터 난 자마다 죄를 짓지 아니하나니 이는 하나님의 씨가 그의 속
에 거함이요 그도 범죄하지 못하는 것은 하나님께로부터 났음이라

3:11 우리는 서로 사랑할지니 이는 너희가 처음부터 들은 소식이라

3:15 그 형제를 미워하는 자마다 살인하는 자니 살인하는 자마다 영생이 그 속에
거하지 아니하는 것을 너희가 아는 바라

3:18 자녀들아 우리가 말과 혀로만 사랑하지 말고 행함과 진실함으로 하자

3:22 무엇이든지 구하는 바를 그에게서 받나니 이는 우리가 그의 계명을 지키고
그 앞에서 기뻐하시는 것을 행함이라

### 묵상 가이드

**민 33장** 이스라엘 백성들의 광야 노정을 기록한 말씀입니다. 모세는 여호와 하나님의 명령에 따라 지금까지 지나온 노정을 정리하여 기록하였는데, 기록한 노정 곳곳에서 하나님의 은혜를 찾아볼 수 있습니다. 그리고 광야 여행 기록과 함께 가나안 땅에 진입한 후 지켜야 할 일들을 소개하고 있습니다.

**시 78편 1-37절** 하나님의 인도하심과 불순종한 백성들의 대비된 모습을 보여 주는 말씀입니다. 하나님께서 인도하시는 은혜를 깨닫지 못하고 불평하며 불순종할 때 주어지는 결과는 심판이라는 것을 말씀하고 있습니다.

**사 25장** 하나님께서 내일에 이루실 회복과 축복을 전하는 말씀입니다. 구원받은 자들의 찬양과 이방 모든 민족이 회개하고 돌이키리라는 예언, 그리고 모압으로 대표되는 죄인들이 하나님의 심판으로 멸망하게 될 것이라는 예언이 선포됩니다.

**요일 3장** 하나님의 인도하심을 따르는 백성들이 살아야 하는 하나님을 향한 소망의 삶과 진실한 삶을 보여 줍니다. 우선 하나님의 자녀의 영광된 신분을 밝힌 뒤, 죄를 멀리하고 거룩함을 추구할 것과 하나님께로 난 자의 특징을 소개하고 있습니다.

### 더 깊은 묵상

하나님은 우리의 삶을 인도하십니다. 그 인도하심의 목적지는 구원이고 축복입니다. 따라서 인도하심의 과정에서 지나는 광야의 척박함으로 불평하며 불순종하지 말고 끝까지 순종하여 심판이 아닌 구원과 축복의 목적지에 이르러야 합니다. 오직 주님께 소망을 두고 주의 인도하심을 따르며 성결과 사랑의 삶을 살아야 합니다.

## 기도와 적용

### 말씀기도

❶ 하나님의 인도하심과 그 속에 담긴 은혜를 깨닫고 감사와 순종으로 주님을 따르게 하소서.
❷ 하나님께서 인도하시는 목적지를 바라보며 고난을 이기게 하소서.
❸ 주께 소망을 두고 성결한 삶과 진실함과 행함으로 살아가게 하소서.

### 나의 적용

### 오늘의 감사

**믿음으로 감사**

**소망으로 감사**

**사랑으로 감사**

### 말씀암송

**요일 3:18** 자녀들아 우리가 말과 혀로만 사랑하지 말고 □□과 □□□으로 하자

## 말씀배경 지식

**민수기 33장**
이스라엘은 역사 내내 가나안 족속들로부터 곤욕을 치르고 생명의 위협을 느껴야 했다. 그 이유는 하나님의 말씀을 따르지 않고 자행자지했기 때문이다. 순종은 복과 평안을 누리는 결정적인 열쇠임을 알아야 한다.

145 일차/365

5월 25일

# 하나님의 선택

**민수기 34장 | 시편 78편 38-72절 | 이사야 26장 | 요한일서 4장**

## 말씀 연결 땅, 영역 (민 34, 시 78:38-72)

### 민수기 34장 | 약속의 땅

34:2 너는 이스라엘 자손에게 명령하여 그들에게 이르라 너희가 가나안 땅에 들어가는 때에 그 땅은 너희의 기업이 되리니 곧 가나안 사방 지경이라

34:11 그 경계가 또 스밤에서 리블라로 내려가서 아인 동쪽에 이르고 또 내려가서 긴네렛 동쪽 해변에 이르고

34:13 모세가 이스라엘 자손에게 명령하여 이르되 이는 너희가 제비 뽑아 받을 땅이라 여호와께서 이것을 아홉 지파 반 쪽에게 주라고 명령하셨나니

### 시편 78편 38-72절 | 성소의 영역

78:42 그들이 그의 권능의 손을 기억하지 아니하며 대적에게서 그들을 구원하신 날도 기억하지 아니하였도다

78:46 그들의 토산물을 황충에게 주셨고 그들이 수고한 것을 메뚜기에게 주셨으며

78:48 그들의 가축을 우박에, 그들의 양 떼를 번갯불에 넘기셨으며

78:51 애굽에서 모든 장자 곧 함의 장막에 있는 그들의 기력의 처음 것을 치셨으나

78:54 그들을 그의 성소의 영역 곧 그의 오른손으로 만드신 산으로 인도하시고

78:57 그들의 조상들 같이 배반하고 거짓을 행하여 속이는 활 같이 빗나가서

78:65 그 때에 주께서 잠에서 깨어난 것처럼, 포도주를 마시고 고함치는 용사처럼 일어나사

오늘의 찬양
찬송가 12장 | 다 함께 주를 경배하세

맥체인성경365
806p

## 말씀 연결 나라와 구원의 백성 (사 26, 요일 4)

### 이사야 26장 | 나라와 백성들

26:5 높은 데에 거주하는 자를 낮추시며 솟은 성을 헐어 땅에 엎으시되 진토에
미치게 하셨도다

26:9 밤에 내 영혼이 주를 사모하였사온즉 내 중심이 주를 간절히 구하오리니
이는 주께서 땅에서 심판하시는 때에 세계의 거민이 의를 배움이니이다

26:11 여호와여 주의 손이 높이 들릴지라도 그들이 보지 아니하오나 백성을 위
하시는 주의 열성을 보면 부끄러워할 것이라 불이 주의 대적들을 사르리이다

26:13 여호와 우리 하나님이시여 주 외에 다른 주들이 우리를 관할하였사오나
우리는 주만 의지하고 주의 이름을 부르리이다

26:18 우리가 잉태하고 산고를 당하였을지라도 바람을 낳은 것 같아서 땅에 구
원을 베풀지 못하였고 세계의 거민을 출산하지 못하였나이다

### 요한일서 4장 | 독생자를 보내심과 구원의 백성

4:6 우리는 하나님께 속하였으니 하나님을 아는 자는 우리의 말을 듣고 하나님께
속하지 아니한 자는 우리의 말을 듣지 아니하나니 진리의 영과 미혹의 영을 이로써
아느니라

4:7 사랑하는 자들아 우리가 서로 사랑하자 사랑은 하나님께 속한 것이니 사랑하
는 자마다 하나님으로부터 나서 하나님을 알고

4:11 사랑하는 자들아 하나님이 이같이 우리를 사랑하셨은즉 우리도 서로 사랑하
는 것이 마땅하도다

4:13 그의 성령을 우리에게 주시므로 우리가 그 안에 거하고 그가 우리 안에 거하
시는 줄을 아느니라

4:16 하나님이 우리를 사랑하시는 사랑을 우리가 알고 믿었노니 하나님은 사랑이
시라 사랑 안에 거하는 자는 하나님 안에 거하고 하나님도 그의 안에 거하시느니라

## 묵상 가이드

**민 34장** 하나님께서 주실 기업인 가나안 땅에 대한 말씀으로, 그 땅이 가나안 사방 지경이 된다는 것을 보여 줍니다. 한편 하나님께서는 아브라함에게 계시하셨던 넓이보다 협소한 땅을 허락하셨는데 이는 당시 이스라엘이 관리할 수 있는 분량만큼 허락하셨기 때문입니다.

**시 78편 38-72절** 하나님께서 주신 약속의 땅에서 죄악과 불순종으로 어리석게 하나님의 비전을 잃어버린 백성들의 모습을 보여 줍니다. 그들은 결국 하나님의 진노와 심판으로 하나님이 주신 비전, 곧 약속의 땅을 잃어버리고 말았습니다.

**사 26장** 심판으로 고통과 참혹한 가운데 있지만, 하나님의 은혜와 사랑을 통해 회복될 그 날을 꿈꾸는 말씀입니다. 곧 구원과 회복을 위해 주를 사모하며 간절히 기도하는 것이 유일한 방법임을 보여 주는 말씀입니다.

**요일 4장** 하나님의 사랑이 독생자 예수 그리스도를 이 땅에 보내시고 우리의 죄를 속하기 위한 화목제물이 되게 하셨음을 전하는 말씀입니다. 하나님의 사랑을 기억하며 우리도 서로 사랑하는 것이 마땅하다는 가르침입니다.

## 더 깊은 묵상

하나님은 그 백성을 향한 축복과 구원의 비전을 주십니다. 죄와 불순종으로 비전을 잃어버리지 말아야 하고, 혹 어리석어 비전을 잃어버렸을 때, 크신 사랑으로 다시 꿈꾸게 하시는 비전을 붙잡아야 합니다. 그 비전을 위한 하나님의 사랑과 희생을 기억하고 우리도 사랑하며 살아야 합니다.

## 기도와 적용

### 말씀기도

❶ 하나님이 주신 비전을 붙잡고 소망의 삶을 살게 하소서. .
❷ 죄와 불순종으로 하나님의 비전을 잃어버리지 않게 하소서.
❸ 우리의 구원을 위해 주께서 보이신 희생과 사랑을 기억하며 사랑하게 하소서.

### 나의 적용

### 오늘의 감사

**믿음으로 감사**

**소망으로 감사**

**사랑으로 감사**

### 말씀암송

**요일 4:11** 사랑하는 자들아 하나님이 이같이 우리를 ☐ ☐하셨은즉 우리도 서로 ☐☐하는 것이 마땅하도다

### 말씀배경 지식

**이사야 26장**
'평강'을 뜻하는 히브리말은 '샬롬'이다. 이 말의 바탕에 깔린 기본 의미는 '전체적인 조화로움'이다. 즉 삶의 모든 영역에서 모난 데 없이 마음과 생활의 평안함을 누리는 것을 뜻하는 말이다. 우리는 샬롬을 어디서 얻을 수 있을지는 하나님께서 자신을 믿는 자들에게 주시는 유산으로 묘사하고 있다.

146 일차/365

5월 26일

# 땅의 정결과 예배 회복

**민수기 35장 | 시편 79편 | 이사야 27장 | 요한일서 5장**

## 말씀 연결 더럽힘 (민 35, 시 79)

### 민수기 35장 | 땅을 더럽히지 말아야 함

35:1 여호와께서 여리고 맞은편 요단 강 가 모압 평지에서 모세에게 말씀하여
이르시되

35:12 이는 너희가 복수할 자에게서 도피하는 성을 삼아 살인자가 회중 앞에 서
서 판결을 받기까지 죽지 않게 하기 위함이니라

35:15 이 여섯 성읍은 이스라엘 자손과 타국인과 이스라엘 중에 거류하는 자의
도피성이 되리니 부지중에 살인한 모든 자가 그리로 도피할 수 있으리라

35:16 만일 철 연장으로 사람을 쳐죽이면 그는 살인자니 그 살인자를 반드시 죽
일 것이요

31:25 피를 보복하는 자의 손에서 살인자를 건져내어 그가 피하였던 도피성으로
돌려보낼 것이요 그는 거룩한 기름 부음을 받은 대제사장이 죽기까지 거기 거주
할 것이니라

31:30 사람을 죽인 모든 자 곧 살인한 자는 증인들의 말을 따라서 죽일 것이나
한 증인의 증거만 따라서 죽이지 말 것이요

35:31 고의로 살인죄를 범한 살인자는 생명의 속전을 받지 말고 반드시 죽일 것
이며

### 시편 79편 | 이방 나라가 주의 기업을 더럽힘

79:1 하나님이여 이방 나라들이 주의 기업의 땅에 들어와서 주의 성전을 더럽히고
예루살렘이 돌무더기가 되게 하였나이다

79:6 주를 알지 아니하는 민족들과 주의 이름을 부르지 아니하는 나라들에게 주의
노를 쏟으소서

79:11 갇힌 자의 탄식을 주의 앞에 이르게 하시며 죽이기로 정해진 자도 주의 크신
능력을 따라 보존하소서

79:12 주여 우리 이웃이 주를 비방한 그 비방을 그들의 품에 칠 배나 갚으소서

오늘의 찬양
**찬송가 257장 | 마음에 가득한 의심을 깨치고**

맥체인성경365
**810p**

## 말씀 연결 돌아와 자신을 지킴 (사 27, 요일 5)

### 이사야 27장 | 돌아와서 예배함

27:1 그 날에 여호와께서 그의 견고하고 크고 강한 칼로 날랜 뱀 리워야단 곧 꼬
불꼬불한 뱀 리워야단을 벌하시며 바다에 있는 용을 죽이시리라

27:2 그 날에 너희는 아름다운 포도원을 두고 노래를 부를지어다

27:4 나는 포도원에 대하여 노함이 없나니 찔레와 가시가 나를 대적하여 싸운다
하자 내가 그것을 밟고 모아 불사르리라

27:12 너희 이스라엘 자손들아 그 날에 여호와께서 창일하는 하수에서부터 애굽
시내에까지 과실을 떠는 것 같이 너희를 하나하나 모으시리라

### 요한일서 5장 | 자신을 지켜 우상에게서 멀리함

5:6 이는 물과 피로 임하신 이시니 곧 예수 그리스도시라 물로만 아니요 물과 피로
임하셨고 증언하는 이는 성령이시니 성령은 진리니라

5:7 증언하는 이가 셋이니

5:21 자녀들아 너희 자신을 지켜 우상에게서 멀리하라

## 묵상 가이드

**민 35장** 레위인들에게 가나안 전역의 48개 성읍을 분배하고 그중 6개의 성읍을 구별하여 도피성을 마련한 것을 보여 줍니다. 도피성은 악의가 없이 뜻하지 않게 살인을 범한 사람이 이곳으로 피하여 생명을 보존할 수 있게 했습니다.

**시 79편** 이방 나라들에 의해 성전이 더럽혀지고 예루살렘이 폐허가 된 상황 속에서 하나님의 긍휼과 이를 통한 구원을 기도하고 있는 말씀입니다. 오직 하나님의 긍휼밖에 없기에 간절히 기도하고 있습니다.

**사 27장** 하나님께서 백성들을 치심은 멸함이 아니라 바로잡음이 목적이었음을 가르쳐주는 말씀입니다. 그들의 죄 때문에 징계하셨지만, 하나님의 놀라운 긍휼은 그 백성을 용서하시고 그날에 구원과 회복을 이루게 하신다는 것입니다.

**요일 5장** 믿음의 주제이신 예수께서 하나님의 아들이심과 그 아들 안에 참 생명이 있음을 소개한 후 이 세상을 살아가는 성도들에게 기도와 성결의 필요성을 일깨우고 있습니다. 곧 하나님께서 긍휼로 이 땅에 보내신 예수 그리스도를 믿어야 한다는 것입니다.

## 더 깊은 묵상

하나님은 긍휼로 우리를 용서하시고 구원하십니다. 따라서 힘써 긍휼을 구하고 그 긍휼 안에 거해야 합니다. 우리를 사랑하시는 하나님을 사랑해야 합니다. 하나님을 사랑한다는 것은 이웃 사랑을 통해 드러나기도 하며, 하나님의 말씀과 계명을 지키는 것으로 드러나기도 합니다.

## 기도와 적용

### 말씀기도

❶ 주의 징계 속에 담긴 긍휼을 깨닫고, 주께 돌이켜 용서와 구원의 은혜를 누리게 하소서.
❷ 주의 긍휼로 베푸신 구원의 도피성에 피하여 안식을 누리게 하소서.
❸ 예수 그리스도를 믿는 믿음을 앞세워 능히 세상을 이기며 살게 하소서.

### 나의 적용

### 오늘의 감사

믿음으로 감사

소망으로 감사

사랑으로 감사

### 말씀암송

**시 79:12** 주여 우리 이웃이 주를 비방한 그 [ ][ ]을 그들의 품에 [ ] 배나 갚으소서

### 말씀배경 지식

**도피성(민 35:6-15)**
'보호소, 은신처, 피할 곳'이라는 뜻이다. 과실로 살인한 자를 보호하기 위해 특별히 마련된 성읍으로 레위지파의 감독 아래 있었다. 요단강 동, 서편에 각각 세곡씩 도합 여섯 곳이 지정되었고, 가나안 땅 어디에서나 하룻길이면 도달할 수 있었다. 피고들은 공정한 재판을 받기 전까지 이곳에서 보호를 받을 수 있었다.

147 일차 365

# 기업의 보존

5월 27일

민수기 36장 | 시편 80편 | 이사야 28장 | 요한이서 1장

## 말씀 연결 기업 (민 36, 시 80)

### 민수기 36장 | 기업의 요구와 지키는 원리

36:3 그들이 만일 이스라엘 자손의 다른 지파들의 남자들의 아내가 되면 그들의 기업은 우리 조상의 기업에서 떨어져 나가고 그들이 속할 그 지파의 기업에 첨가되리니 그러면 우리가 제비 뽑은 기업에서 떨어져 나갈 것이요

36:4 이스라엘 자손의 희년을 당하여 그 기업이 그가 속한 지파에 첨가될 것이라 그런즉 그들의 기업은 우리 조상 지파의 기업에서 아주 삭감되리이다

36:5 모세가 여호와의 말씀으로 이스라엘 자손에게 명령하여 이르되 요셉 자손 지파의 말이 옳도다

36:13 이는 여리고 맞은편 요단 가 모압 평지에서 여호와께서 모세를 통하여 이스라엘 자손에게 명령하신 계명과 규례니라

### 시편 80편 | 주의 능력으로 보존되는 기업

80:1 요셉을 양 떼 같이 인도하시는 이스라엘의 목자여 귀를 기울이소서 그룹 사이에 좌정하신 이여 빛을 비추소서

80:3 하나님이여 우리를 돌이키시고 주의 얼굴빛을 비추사 우리가 구원을 얻게 하소서

80:8 주께서 한 포도나무를 애굽에서 가져다가 민족들을 쫓아내시고 그것을 심으셨나이다

80:17 주의 오른쪽에 있는 자 곧 주를 위하여 힘있게 하신 인자에게 주의 손을 얹으소서

오늘의 찬양
찬송가 371장 | 구주여 광풍이 불어

맥체인성경365
815p

## 말씀 연결 기업되신 하나님과 유지하는 법 (사 28, 요이 1)

### 이사야 28장 | 기업이 되시는 하나님

28:1 에브라임의 술취한 자들의 교만한 면류관은 화 있을진저 술에 빠진 자의
성 곧 영화로운 관 같이 기름진 골짜기 꼭대기에 세운 성이여 쇠잔해 가는 꽃 같
으니 화 있을진저

28:4 그 기름진 골짜기 꼭대기에 있는 그의 영화가 쇠잔해 가는 꽃이 여름 전에
처음 익은 무화과와 같으리니 보는 자가 그것을 보고 얼른 따서 먹으리로다

28:10 대저 경계에 경계를 더하며 경계에 경계를 더하며 교훈에 교훈을 더하며
교훈에 교훈을 더하되 여기서도 조금, 저기서도 조금 하는구나 하는도다

28:15 너희가 말하기를 우리는 사망과 언약하였고 스올과 맹약하였은즉 넘치는
재앙이 밀려올지라도 우리에게 미치지 못하리니 우리는 거짓을 우리의 피난처
로 삼았고 허위 아래에 우리를 숨겼음이라 하는도다

28:16 그러므로 주 여호와께서 이같이 이르시되 보라 내가 한 돌을 시온에 두어
기초를 삼았노니 곧 시험한 돌이요 귀하고 견고한 기촛돌이라 그것을 믿는 이는
다급하게 되지 아니하리로다

28:17 나는 정의를 측량줄로 삼고 공의를 저울추로 삼으니 우박이 거짓의 피난
처를 소탕하며 물이 그 숨는 곳에 넘칠 것인즉

28:21 대저 여호와께서 브라심 산에서와 같이 일어나시며 기브온 골짜기에서와
같이 진노하사 자기의 일을 행하시리니 그의 일이 비상할 것이며 자기의 사역을
이루시리니 그의 사역이 기이할 것임이라

### 요한이서 1장 | 기업을 유지하는 법 (계명 가운데 행함, 미혹하는 자를 멀리함)

1:1 장로인 나는 택하심을 받은 부녀와 그의 자녀들에게 편지하노니 내가 참으로
사랑하는 자요 나뿐 아니라 진리를 아는 모든 자도 그리하는 것은

1:7 미혹하는 자가 세상에 많이 나왔나니 이는 예수 그리스도께서 육체로 오심을
부인하는 자라 이런 자가 미혹하는 자요 적그리스도니

1:9 지나쳐 그리스도의 교훈 안에 거하지 아니하는 자는 다 하나님을 모시지 못하
되 교훈 안에 거하는 그 사람은 아버지와 아들을 모시느니라

1:11 그에게 인사하는 자는 그 악한 일에 참여하는 자임이라

### 묵상 가이드

**민 36장** 상속권을 지닌 여자는 반드시 지파 내 남자와 결혼하여 지파의 땅이 다른 지파의 땅이 되지 않게 하는 특별법을 제정하시는 것으로 므낫세 지파에 분배된 기업이 다른 지파로 옮겨지지 않도록 그 딸들에게 같은 지파 내에서 결혼할 것을 명령한 말씀입니다.

**시 80편** 북이스라엘을 멸망시킨 앗수르의 침공이 배경인 것으로 이스라엘 민족이 맞은 위기 상황에서 능력의 하나님께 진심으로 구원을 호소하고 있습니다. 잃어버린 기업을 회복할 수 있는 것은 오직 하나님의 은혜밖에 없고, 따라서 하나님께 구해야 한다는 것입니다.

**사 28장** 사망과 더불어 세운 언약과 스올과 더불어 맺은 맹약은 하나님을 의지하지 않고 주변 나라를 의지하고 맺은 정치적 동맹을 뜻합니다. 유다는 이 동맹을 통해 스스로 안전하다고 교만했던 것인데, 바로 이것에 대해 하나님께서 그 맹약을 꺾으셔서 멸망 당할 것을 말씀하고 있습니다.

**요이 1장** 온 교회가 계명을 따라 진리와 사랑 안에 거하며 교회를 어지럽히는 이단에 대해 경계하라는 내용으로 많은 거짓 교사들이 나타나 거짓 교훈을 통해 성도들을 미혹할 것을 경고하며 참된 교훈을 붙들고 넘어지지 말아야 함을 교훈하고 있는 말씀입니다.

### 더 깊은 묵상

하나님 나라의 기업, 곧 천국을 잃어버리지 말고 지켜야 합니다. 세상을 의지한 헛된 맹약으로는 그 기업을 지킬 수 없고, 따라서 하나님의 은혜를 구해야 합니다. 오직 하나님을 의지하고 하나님의 새 언약을 붙들며, 거짓 교훈의 미혹에서 넘어지지 않아야 그 기업을 지킬 수 있습니다.

## 기도와 적용

### 말씀기도

❶ 주께서 약속하신 하나님 나라의 가치를 바로 깨닫고, 그 기업을 지켜가게 하소서.
❷ 오직 주를 의지하며 주의 약속을 소망으로 붙잡아 천국의 기업을 지켜가게 하소서.
❸ 미혹하는 자들의 거짓 교훈에 넘어지지 말고, 믿음에 더욱 굳건히 서게 하소서.

### 나의 적용

### 오늘의 감사

믿음으로 감사

소망으로 감사

사랑으로 감사

### 말씀암송

**시 80:3** 하나님이여 우리를 돌이키시고 주의 □□□을 비추사 우리가 □□을 얻게 하소서

## 말씀배경 지식

**은혜와 긍휼과 평강 (요이 1:3)**
헬라적 요소(은혜)와 히브리적 요소(긍휼, 평강)를 결합한 인사말이다. '은혜'란 사랑받을 만한 가치가 없는 죄인에게 값없이 내려주시는 하나님의 사랑을 상징하고, '긍휼'은 죄인을 불쌍히 여기시고 고난 중에 있는 자로 위로하시는 하나님의 자비를 상징하며, '평강'은 영적 평안을 포함한 모든 차원의 안녕을 상징한다.

148 일차/365

5월 28일

# 하나님의 주권

**신명기 1장 | 시편 81-82편 | 이사야 29장 | 요한삼서 1장**

## 말씀 연결 인도와 건지심 (신 1, 시 81-82)

### 신명기 1장 | 싸워주시고 인도하심

1:1 이는 모세가 요단 저쪽 숩 맞은편의 아라바 광야 곧 바란과 도벨과 라반과
하세롯과 디사합 사이에서 이스라엘 무리에게 선포한 말씀이니라

1:2 호렙 산에서 세일 산을 지나 가데스 바네아까지 열 하룻길이었더라

1:8 내가 너희의 조상 아브라함과 이삭과 야곱에게 맹세하여 그들과 그들의 후
손에게 주리라 한 땅이 너희 앞에 있으니 들어가서 그 땅을 차지할지니라

1:19 우리 하나님 여호와께서 우리에게 명령하신 대로 우리가 호렙 산을 떠나
너희가 보았던 그 크고 두려운 광야를 지나 아모리 족속의 산지 길로 가데스 바
네아에 이른 때에

1:28 우리가 어디로 가랴 우리의 형제들이 우리를 낙심하게 하여 말하기를 그
백성은 우리보다 장대하며 그 성읍들은 크고 성곽은 하늘에 닿았으며 우리가 또
거기서 아낙 자손을 보았노라 하는도다 하기로

1:34 여호와께서 너희의 말소리를 들으시고 노하사 맹세하여 이르시되

1:35 이 악한 세대 사람들 중에는 내가 그들의 조상에게 주기로 맹세한 좋은 땅
을 볼 자가 하나도 없으리라

1:44 그 산지에 거주하는 아모리 족속이 너희에게 마주 나와 벌 떼 같이 너희를
쫓아 세일 산에서 쳐서 호르마까지 이른지라

### 시편 81-82편 | 짐을 벗기시고 건지심

81:6 이르시되 내가 그의 어깨에서 짐을 벗기고 그의 손에서 광주리를 놓게 하였
도다

82:2 너희가 불공평한 판단을 하며 악인의 낯 보기를 언제까지 하려느냐 (셀라)

82:4 가난한 자와 궁핍한 자를 구원하여 악인들의 손에서 건질지니라 하시는도
다

82:7 그러나 너희는 사람처럼 죽으며 고관의 하나 같이 넘어지리로다

오늘의 찬양
찬송가 200장 | 달고 오묘한 그 말씀

맥체인성경365
819p

## 말씀 연결 마음과 영혼과 범사 (사 29, 요삼 1)

### 이사야 29장 | 마음을 주관하심

29:1 슬프다 아리엘이여 아리엘이여 다윗이 진 친 성읍이여 해마다 절기가 돌아오려니와

29:9 너희는 놀라고 놀라라 너희는 맹인이 되고 맹인이 되라 그들의 취함이 포도주로 말미암음이 아니며 그들의 비틀거림이 독주로 말미암음이 아니니라

29:10 대저 여호와께서 깊이 잠들게 하는 영을 너희에게 부어 주사 너희의 눈을 감기셨음이니 그가 선지자들과 너희의 지도자인 선견자들을 덮으셨음이라

29:16 너희의 패역함이 심하도다 토기장이를 어찌 진흙 같이 여기겠느냐 지음을 받은 물건이 어찌 자기를 지은 이에게 대하여 이르기를 그가 나를 짓지 아니하였다 하겠으며 빚음을 받은 물건이 자기를 빚은 이에게 대하여 이르기를 그가 총명이 없다 하겠느냐

29:17 오래지 아니하여 레바논이 기름진 밭으로 변하지 아니하겠으며 기름진 밭이 숲으로 여겨지지 아니하겠느냐

### 요한삼서 1장 | 영혼과 범사가 잘되게 하심

1:3 형제들이 와서 네게 있는 진리를 증언하되 네가 진리 안에서 행한다 하니 내가 심히 기뻐하노라

1:7 이는 그들이 주의 이름을 위하여 나가서 이방인에게 아무 것도 받지 아니함이라

1:8 그러므로 우리가 이같은 자들을 영접하는 것이 마땅하니 이는 우리로 진리를 위하여 함께 일하는 자가 되게 하려 함이라

1:9 내가 두어 자를 교회에 썼으나 그들 중에 으뜸되기를 좋아하는 디오드레베가 우리를 맞아들이지 아니하니

1:14 속히 보기를 바라노니 또한 우리가 대면하여 말하리라

## 묵상 가이드

**신 1장** 가나안 입성을 앞두고 신세대에게 준 모세의 설교입니다. 모세는 출애굽과 광야 생활을 회고하면서 이스라엘의 무능과 연약함을 고백하고 그럼에도 불구하고 자신을 구원해주실 뿐 아니라 축복을 허락하신 하나님의 은혜를 찬양하며 시내 산에서 받은 하나님의 율법들을 상기시키고 있습니다.

**시 81-82편** 하나님께서 백성들에게 헛된 이방 신과 우상들을 섬기지 말라고 명령하셨지만, 하나님의 말씀에 순종하지 않았다고 말씀하십니다. 오히려 축복을 위해 이방 신과 우상들을 믿고 섬겼다는 것입니다. 따라서 하나님은 백성들을 향한 심판을 말씀하셨습니다.

**사 29장** 입술만으로는 하나님을 경외하지 못하며, 마음이 빠진 형식적 예배로는 하나님의 참믿음에 이를 수 없음을 가르쳐주는 말씀입니다. 하나님을 신뢰하며 경외하는 것이 참 지혜이기에 하나님을 경외하지 않고는 구원을 위한 지혜도 가질 수 없습니다.

**요삼 1장** 디오드레베는 으뜸되기를 좋아하고 복음 전도자를 영접하지 아니할 뿐만 아니라 영접하고자 하는 형제를 금하여 내쫓았기 때문에 요한이 직접 교회를 방문하여 디오드레베를 엄히 징계하고 꾸짖을 것을 약속하는 말씀입니다.

## 더 깊은 묵상

하나님을 향한 불신은 하나님의 축복을 상실하게 합니다. 하나님과의 관계도 깨뜨리고, 구원의 지혜도 잃어버리게 하며, 하나님으로부터 버림받는 심판에 이르게 합니다. 따라서 입술만이 아닌 온 마음으로 하나님을 경외하며 신뢰하고, 선한 믿음의 본을 따라 참믿음을 세워야 합니다.

## 기도와 적용

### 말씀기도

❶ 절대적 믿음과 순종으로 하나님이 약속하신 축복을 온전히 누리게 하소서.
❷ 입술만으로 하나님을 경외하는 신앙을 버리고, 온 마음으로 하나님을 경외하며 따르게 하소서.
❸ 악한 것과 선한 것을 분별할 수 있는 눈을 주셔서 바른 믿음을 세우게 하소서.

### 나의 적용

### 오늘의 감사

**믿음으로 감사**

**소망으로 감사**

**사랑으로 감사**

### 말씀암송

**요삼 1:8** 그러므로 우리가 이같은 자들을 □□하는 것이 마땅하니 이는 우리로 □□를 위하여 함께 □하는 자가 되게 하려 함이라

## 말씀배경 지식

**신 1:2**
호렙 산에서 가데스 바네아까지 거리를 언급한 이유는 그 길이 열하룻길에 불과한 거리를 40년이나 방황하였음을 강조하기 위해서이다. 호렙 산에서 가데스 바네아까지는 11일 정도 걸어가면 다다를 수 있는 대략 300km 정도의 거리이다. 가데스 바네아는 브엘세바 남쪽 약 80km 지점에 위치해 있어 이런 속도라면 3-4일 뒤면 가나안에 들어갈 수 있었던 것이다.

149 일차 365

5월 29일

# 복이 있는 자

신명기 2장 | 시편 83-84편 | 이사야 30장 | 유다 1장

## 말씀 연결 차지함과 의지함 (신 2, 시 83-84)

### 신명기 2장 | 땅을 차지함

2:3 너희가 이 산을 두루 다닌 지 오래니 돌이켜 북으로 나아가라

2:14 가데스 바네아에서 떠나 세렛 시내를 건너기까지 삼십팔 년 동안이라 이 때
에는 그 시대의 모든 군인들이 여호와께서 그들에게 맹세하신 대로 진영 중에서
다 멸망하였나니

2:23 또 갑돌에서 나온 갑돌 사람이 가사까지 각 촌에 거주하는 아위 사람을 멸
하고 그들을 대신하여 거기에 거주하였느니라)

2:24 너희는 일어나 행진하여 아르논 골짜기를 건너라 내가 헤스본 왕 아모리 사
람 시혼과 그의 땅을 네 손에 넘겼은즉 이제 더불어 싸워서 그 땅을 차지하라

2:26 내가 그데못 광야에서 헤스본 왕 시혼에게 사자를 보내어 평화의 말로 이르
기를

2:27 나를 네 땅으로 통과하게 하라 내가 큰길로만 행하고 좌로나 우로나 치우치
지 아니하리라

2:29 세일에 거주하는 에서 자손과 아르에 거주하는 모압 사람이 내게 행한 것
같이 하라 그리하면 내가 요단을 건너서 우리 하나님 여호와께서 우리에게 주시
는 땅에 이르리라 하였으나

### 시편 83-84편 | 마음에 시온의 대로가 있는 자, 주께 의지하는 자

83:1 하나님이여 침묵하지 마소서 하나님이여 잠잠하지 마시고 조용하지 마소서

83:3 그들이 주의 백성을 치려 하여 간계를 꾀하며 주께서 숨기신 자를 치려고 서
로 의논하여

83:8 앗수르도 그들과 연합하여 롯 자손의 도움이 되었나이다 (셀라)

83:12 그들이 말하기를 우리가 하나님의 목장을 우리의 소유로 취하자 하였나이다

84:4 주의 집에 사는 자들은 복이 있나니 그들이 항상 주를 찬송하리이다 (셀라)

84:5 주께 힘을 얻고 그 마음에 시온의 대로가 있는 자는 복이 있나이다

84:10 주의 궁정에서의 한 날이 다른 곳에서의 천 날보다 나은즉 악인의 장막에
사는 것보다 내 하나님의 성전 문지기로 있는 것이 좋사오니

오늘의 찬양
찬송가 267장 | 주의 확실한 약속의 말씀 듣고

맥체인성경365
824p

## 말씀 연결 기다리는 자와 믿음의 도 (사 30, 유 1)

### 이사야 30장 | 여호와를 기다리는 자

30:6 네겝 짐승들에 관한 경고라 사신들이 그들의 재물을 어린 나귀 등에 싣고
그들의 보물을 낙타 안장에 얹고 암사자와 수사자와 독사와 및 날아다니는 불뱀
이 나오는 위험하고 곤고한 땅을 지나 자기에게 무익한 민족에게로 갔으나

30:10 그들이 선견자들에게 이르기를 선견하지 말라 선지자들에게 이르기를 우
리에게 바른 것을 보이지 말라 우리에게 부드러운 말을 하라 거짓된 것을 보이라

30:16 이르기를 아니라 우리가 말 타고 도망하리라 하였으므로 너희가 도망할
것이요 또 이르기를 우리가 빠른 짐승을 타리라 하였으므로 너희를 쫓는 자들이
빠르리니

30:20 주께서 너희에게 환난의 떡과 고생의 물을 주시나 네 스승은 다시 숨기지
아니하시리니 네 눈이 네 스승을 볼 것이며

30:21 너희가 오른쪽으로 치우치든지 왼쪽으로 치우치든지 네 뒤에서 말소리가
네 귀에 들려 이르기를 이것이 바른 길이니 너희는 이리로 가라 할 것이며

### 유다 1장 | 믿음의 도를 위하여 힘써 싸움

1:6 또 자기 지위를 지키지 아니하고 자기 처소를 떠난 천사들을 큰 날의 심판까지
영원한 결박으로 흑암에 가두셨으며

1:7 소돔과 고모라와 그 이웃 도시들도 그들과 같은 행동으로 음란하며 다른 육체
를 따라 가다가 영원한 불의 형벌을 받음으로 거울이 되었느니라

1:9 천사장 미가엘이 모세의 시체에 관하여 마귀와 다투어 변론할 때에 감히 비방
하는 판결을 내리지 못하고 다만 말하되 주께서 너를 꾸짖으시기를 원하노라 하였
거늘

1:12 그들은 기탄 없이 너희와 함께 먹으니 너희의 애찬에 암초요 자기 몸만 기르
는 목자요 바람에 불려가는 물 없는 구름이요 죽고 또 죽어 뿌리까지 뽑힌 열매 없
는 가을 나무요

1:13 자기 수치의 거품을 뿜는 바다의 거친 물결이요 영원히 예비된 캄캄한 흑암으
로 돌아갈 유리하는 별들이라

1:22 어떤 의심하는 자들을 긍휼히 여기라

## 묵상 가이드

**신 2장** 하나님 안에서 순종의 삶을 통해 누리는 승리를 보여 주는 말씀입니다. 하나님이 정하여 주신 땅은 믿음으로 도전하여 싸우고, 하나님이 허락하지 않으신 땅은 욕심내지 않고 돌아설 때에 하나님의 승리가 있었다는 것입니다.

**시 83-84편** 전에서 주님을 섬기며 예배하는 삶이 가장 큰 복이라는 것을 전하는 말씀입니다. 주의 집에 사는 자들, 곧 제사장들과 레위인이 복이 있으며, 또한 그 마음에 시온의 대로가 있는 자에게 복이 있다는 것입니다.

**사 30장** 하나님의 은혜를 구하며 하나님을 기다리는 자에게 축복이 있다는 말씀입니다. 그에게 통곡이 그치고 하나님의 은혜가 주어지며 응답의 축복이 있게 된다는 것입니다.

**유 1장** 교회를 어지럽히는 자들을 거짓 교사이며 불신자로 간주하고, 이 서신을 읽는 독자들에게 믿음의 도를 굳건히 지킬 것을 권면하고 있습니다. 거짓 교사들의 미혹에 넘어지지 않고 믿음을 지키며, 주님의 긍휼을 기다리는 자에게 영생의 축복이 주어진다는 것입니다.

## 더 깊은 묵상

주님을 사모하며 기쁨으로 예배하는 자, 주신 분복에 감사하고 순종하는 자에게 하나님은 복을 주십니다. 오직 주님을 의뢰하고 주의 은혜를 기다리는 자, 믿음을 지키고 인내함으로 주의 긍휼을 기다리는 자에게 복을 주십니다. 진정한 하나님의 사람은 자신보다 하나님을 더 믿고 기다리는 사람입니다.

## 기도와 적용

### 말씀기도

❶ 주님 주신 분복에 감사하며 순종하여 주님이 주시는 승리를 누리게 하소서.
❷ 마음에 시온에 대로를 두고 기쁨으로 주의 성전을 찾아 예배하게 하소서.
❸ 어떤 환난과 유혹에도 흔들리지 않고 믿음을 지키며 그리스도의 긍휼을 기다리게 하소서.

### 나의 적용

### 오늘의 감사

믿음으로 감사

소망으로 감사

사랑으로 감사

### 말씀암송

시 84:5 주께 ☐을 얻고 그 마음에 ☐☐의 대로가 있는 자는 ☐이 있나이다

## 말씀배경 지식

**도벳 (사 30:33)**
'불사르는 곳'이다. 산 사람을 불태워 제사한 힌놈 골짜기에 있던 몰렉 숭배지이다. 하나님은 앗수르 왕을 위해 이곳을 예비하셨다. 예레미야는 '살육의 골짜기'로 이름이 변할 것을 예언했다.

## 내가 너와 함께 함이니라

오직 주의 말씀은 세세토록 있도다 하였으니 너희에게 전한 복음이 곧 이 말씀이니라. (벧전 1:25)

골프 선수 신지애는 2009년 한 해, 각국의 주요 골프대회에서 무려 아홉 개의 트로피를 독식했다. 그 중에, 세 개가 미국 LPGA 투어였다. 한국여자프로골프 대상, 최저타수상, 다승왕, 상금왕 등 주요 타이틀을 3년 연속 싹쓸이한 것도 이례적인 기록이다.
필드에 서는 것과 동시에 무서울 정도의 투지를 발휘하는 그녀지만, 그녀에게도 떨리는 순간들이 있다. 그때, 그녀를 격려해주는 것은 '두려워 말라. 내가 너와 함께 함이니라……'라는 이사야 41:10의 말씀이다. 이 말씀은 그녀의 골프백에 스카치테이프로 단단히 붙어 있다.
2008년에 열렸던 브리티시 오픈 때는 이 말씀을 종이에 적어 호주머니에 넣어두고 순간순간 꺼내어 읽으며 시합에 임하였다. 이 말씀으로 힘을 얻은 그녀는 우승컵을 손에 쥐었다.

**본문의 묵상을 위한 주제어**

1. 주의 말씀은: 하나님의 말씀만 쇠하거나 없어지지 않고 영원하다.
2. 세세토록: 구원의 새 생명도 쇠하거나 없어지지 않고 영원하다.
3. 너희에게 전한: 복음의 말씀은 하나님의 영원한 말씀이다.

**기도:** 오늘, 어떤 경우에서도 하나님의 말씀에 집중하기를 원합니다.

150 일차 365

5월 30일

# 기업으로 주신 땅과 도우심이신 하나님

신명기 3장 | 시편 85편 | 이사야 31장 | 요한계시록 1장

## 말씀 연결 땅 (신 3, 시 85)

### 신명기 3장 | 땅을 차지하기 위한 자세

3:1 우리가 돌이켜 바산으로 올라가매 바산 왕 옥이 그의 모든 백성을 거느리고
나와서 우리를 대적하여 에드레이에서 싸우고자 하는지라

3:6 우리가 헤스본 왕 시혼에게 행한 것과 같이 그 성읍들을 멸망시키되 각 성읍
의 남녀와 유아를 멸망시켰으나

3:8 그 때에 우리가 요단 강 이쪽 땅을 아르논 골짜기에서부터 헤르몬 산에까지
아모리 족속의 두 왕에게서 빼앗았으니

3:14 므낫세의 아들 야일이 그술 족속과 마아갓 족속의 경계까지의 아르곱 온 지
방을 점령하고 자기의 이름으로 이 바산을 오늘날까지 하봇야일이라 불러오느
니라)

3:17 또는 아라바와 요단과 그 지역이요 긴네렛에서 아라바 바다 곧 염해와 비스
가 산기슭에 이르기까지의 동쪽 지역이니라

3:18 그 때에 내가 너희에게 명령하여 이르기를 너희의 하나님 여호와께서 이 땅
을 너희에게 주어 기업이 되게 하셨은즉 너희의 군인들은 무장하고 너희의 형제
이스라엘 자손의 선봉이 되어 건너가되

3:25 구하옵나니 나를 건너가게 하사 요단 저쪽에 있는 아름다운 땅, 아름다운
산과 레바논을 보게 하옵소서 하되

### 시편 85편 | 주의 땅에 은혜를 베푸심

85:1 여호와여 주께서 주의 땅에 은혜를 베푸사 야곱의 포로 된 자들이 돌아오게
하셨으며

85:7 여호와여 주의 인자하심을 우리에게 보이시며 주의 구원을 우리에게 주소서

85:8 내가 하나님 여호와께서 하실 말씀을 들으리니 무릇 그의 백성, 그의 성도들
에게 화평을 말씀하실 것이라 그들은 다시 어리석은 데로 돌아가지 말지로다

오늘의 찬양
찬송가 218장 | 네 맘과 정성을 다하여서

맥체인성경365
831p

## 말씀 연결 여호와와 머리되신 그리스도 (사 31, 계 1)

### 이사야 31장 | 여호와께로 돌아가야 함

31:1 도움을 구하러 애굽으로 내려가는 자들은 화 있을진저 그들은 말을 의지하
며 병거의 많음과 마병의 심히 강함을 의지하고 이스라엘의 거룩하신 이를 앙모
하지 아니하며 여호와를 구하지 아니하나니

31:8 앗수르는 칼에 엎드러질 것이나 사람의 칼로 말미암음이 아니겠고 칼에 삼
켜질 것이나 사람의 칼로 말미암음이 아닐 것이며 그는 칼 앞에서 도망할 것이요
그의 장정들은 복역하는 자가 될 것이라

31:9 그의 반석은 두려움으로 말미암아 물러가겠고 그의 고관들은 기치로 말미
암아 놀라리라 이는 여호와의 말씀이라 여호와의 불은 시온에 있고 여호와의 풀
무는 예루살렘에 있느니라

### 요한계시록 1장 | 땅의 임금들의 머리되신 그리스도

1:1 예수 그리스도의 계시라 이는 하나님이 그에게 주사 반드시 속히 일어날 일들
을 그 종들에게 보이시려고 그의 천사를 그 종 요한에게 보내어 알게 하신 것이라

1:3 이 예언의 말씀을 읽는 자와 듣는 자와 그 가운데에 기록한 것을 지키는 자는
복이 있나니 때가 가까움이라

1:8 주 하나님이 이르시되 나는 알파와 오메가라 이제도 있고 전에도 있었고 장차
올 자요 전능한 자라 하시더라

1:11 이르되 네가 보는 것을 두루마리에 써서 에베소, 서머나, 버가모, 두아디라, 사
데, 빌라델비아, 라오디게아 등 일곱 교회에 보내라 하시기로

## 묵상 가이드

**신 3장** 요단 동편에서 이미 기업을 받은 루우벤 자손과 갓 자손 그리고 므낫세 반 지파의 사람들에게 주신 말씀입니다. 이들은 다른 지파의 자손들이 기업을 얻을 때까지 함께 싸워야 했습니다. 하나님께서는 모든 싸움이 끝난 후, 반드시 그 지파들을 평안히 돌아가게 하실 것을 약속하십니다.

**시 85편** 하나님께서 바벨론의 포로에서 귀환하게 해주신 은혜를 감사하는 동시에 거칠고 황량해진 이스라엘의 심령을 회복시켜 달라고 간구하는 것을 보여 줍니다. 주님은 영원히 진노하지 않으심을 보여 주는 말씀입니다. 회개하며 주님께 돌이키는 자에게 분노를 거두시고 구원을 베풀어 주십니다.

**사 31장** 하나님께 도움을 구하지 않고 애굽에 도움을 구한 백성들에게 하나님의 심판이 있게 된다는 말씀입니다. 병거와 마병이 아니라 하나님이 참 도움이 되시고, 따라서 하나님을 의지하고 하나님께 돌이켜 도움을 구해야 한다는 것입니다.

**계 1장** 계시의 출처와 진정성을 밝히고, 일곱 교회를 향한 문안 인사 후 요한이 목격한 환상의 배경과 그리스도의 명령, 교회의 중심이 되는 그리스도에 대한 상징적 환상 등이 소개됩니다. 특별히 주님의 다시 오심을 전하는 말씀입니다.

## 더 깊은 묵상

주님은 심판의 주로 이 땅에 다시 오십니다. 따라서 주님이 오시기 전, 늦지 않게 주님께 돌아가야 합니다. 주님께 돌아가 용서하시며 회복하시는 은혜를 누려야 합니다. 주님께 돌아와 앞장서 충성하면 평안으로 돌아가게 하시는 축복도 누리게 됩니다.

## 기도와 적용

### 말씀기도

❶ 늘 깨어 주님 편에 서서 충성하는 삶을 살게 하소서.
❷ 오직 하나님만을 의지하게 하시고, 주께서 주시는 돌봄과 구원의 은혜를 누리게 하소서.
❸ 언약을 지키며 사명을 위해 끝까지 충성하게 하소서.

### 나의 적용

### 오늘의 감사

믿음으로 감사

소망으로 감사

사랑으로 감사

## 말씀암송

**시 85:7** 여호와여 주의 [ ][ ]하심을 우리에게 보이시며 주의 [ ][ ]을 우리에게 주소서

## 말씀배경 지식

**알파와 오메가 (계 1:8)**
헬라어 처음과 마지막 철자이다. 문자적으로 '처음과 나중, 시작과 끝'을 의미하며, 성경 문학적으로는 '예수 그리스도의 영존성'을 의미한다. 창조주요 심판자이시며, 인류 역사를 시작하셨고 섭리하시며 마침내 완성하실 하나님에 대한 거룩한 칭호로 이해되기도 한다.

151 일차 365

# 땅을 차지하는 법

5월 31일

**신명기 4장 | 시편 86-87편 | 이사야 32장 | 요한계시록 2장**

## 말씀 연결 법도와 진리를 행함 (신 4, 시 86-87)

### 신명기 4장 | 규례와 법도를 행함

4:3 여호와께서 바알브올의 일로 말미암아 행하신 바를 너희가 눈으로 보았거
니와 바알브올을 따른 모든 사람을 너희의 하나님 여호와께서 너희 가운데에서
멸망시키셨으되

4:10 네가 호렙 산에서 네 하나님 여호와 앞에 섰던 날에 여호와께서 내게 이르
시기를 나에게 백성을 모으라 내가 그들에게 내 말을 들려주어 그들이 세상에 사
는 날 동안 나를 경외함을 배우게 하며 그 자녀에게 가르치게 하리라 하시매

4:11 너희가 가까이 나아와서 산 아래에 서니 그 산에 불이 붙어 불길이 충천하
고 어둠과 구름과 흑암이 덮였는데

4:13 여호와께서 그의 언약을 너희에게 반포하시고 너희에게 지키라 명령하셨
으니 곧 십계명이며 두 돌판에 친히 쓰신 것이라

4:20 여호와께서 너희를 택하시고 너희를 쇠 풀무불 곧 애굽에서 인도하여 내사
자기 기업의 백성을 삼으신 것이 오늘과 같아도

4:24 네 하나님 여호와는 소멸하는 불이시요 질투하시는 하나님이시니라

4:38 너보다 강대한 여러 민족을 네 앞에서 쫓아내고 너를 그들의 땅으로 인도하
여 들여서 그것을 네게 기업으로 주려 하심이 오늘과 같으니라

### 시편 86-87편 | 주의 도를 가르침 받고, 주의 진리에 행함

86:8 주여 신들 중에 주와 같은 자 없사오며 주의 행하심과 같은 일도 없나이다

86:9 주여 주께서 지으신 모든 민족이 와서 주의 앞에 경배하며 주의 이름에 영광
을 돌리리이다

86:11 여호와여 주의 도를 내게 가르치소서 내가 주의 진리에 행하오리니 일심으
로 주의 이름을 경외하게 하소서

86:16 내게로 돌이키사 내게 은혜를 베푸소서 주의 종에게 힘을 주시고 주의 여종
의 아들을 구원하소서

87:2 여호와께서 야곱의 모든 거처보다 시온의 문들을 사랑하시는도다

87:4 나는 라합과 바벨론이 나를 아는 자 중에 있다 말하리라 보라 블레셋과 두로
와 구스여 이것들도 거기서 났다 하리로다

오늘의 찬양

**찬송가 331장 | 영광을 받으실 만유의 주여**

맥체인성경365
835p

## 말씀 연결 공의와 행위 (사 32, 계 2)

### 이사야 32장 | 공의의 통치

32:1 보라 장차 한 왕이 공의로 통치할 것이요 방백들이 정의로 다스릴 것이며

32:5 어리석은 자를 다시 존귀하다 부르지 아니하겠고 우둔한 자를 다시 존귀한
자라 말하지 아니하리니

32:14 대저 궁전이 폐한 바 되며 인구 많던 성읍이 적막하며 오벨과 망대가 영원
히 굴혈이 되며 들나귀가 즐기는 곳과 양 떼의 초장이 되려니와

### 요한계시록 2장 | 인내함과 처음 행위를 가짐

2:4 그러나 너를 책망할 것이 있나니 너의 처음 사랑을 버렸느니라

2:6 오직 네게 이것이 있으니 네가 니골라 당의 행위를 미워하는도다 나도 이것을
미워하노라

2:8 서머나 교회의 사자에게 편지하라 처음이며 마지막이요 죽었다가 살아나신 이
가 이르시되

2:11 귀 있는 자는 성령이 교회들에게 하시는 말씀을 들을지어다 이기는 자는 둘째
사망의 해를 받지 아니하리라

2:12 버가모 교회의 사자에게 편지하라 좌우에 날선 검을 가지신 이가 이르시되

2:17 귀 있는 자는 성령이 교회들에게 하시는 말씀을 들을지어다 이기는 그에게는
내가 감추었던 만나를 주고 또 흰 돌을 줄 터인데 그 돌 위에 새 이름을 기록한 것
이 있나니 받는 자 밖에는 그 이름을 알 사람이 없느니라

2:18 두아디라 교회의 사자에게 편지하라 그 눈이 불꽃 같고 그 발이 빛난 주석과
같은 하나님의 아들이 이르시되

2:20 그러나 네게 책망할 일이 있노라 자칭 선지자라 하는 여자 이세벨을 네가 용
납함이니 그가 내 종들을 가르쳐 꾀어 행음하게 하고 우상의 제물을 먹게 하는도다

## 묵상 가이드

**신 4장** 이스라엘의 번영과 행복의 관건이 하나님의 명령과 규례와 법도를 준행하는 데 달려 있음을 강조하고 있습니다. 하나님이 주신 율법은 영혼과 육체와 삶을 생기 있고 윤택하게 만들어주는 생명의 메시지입니다. 따라서 하나님의 백성은 율법을 항상 마음에 두고 그 말씀에 귀를 기울이며 준행해야 합니다.

**시 86-87편** 환난 중에 하나님의 도우심을 구하는 다윗의 기도입니다. 교만한 자들이 일어나 치고 포악한 자의 무리가 목숨을 노리는 상황에서 다윗은 하나님께 기도했고, 또 하나님께서 반드시 응답하심을 확신했습니다.

**사 32장** 외세의 도움으로 나라의 안정을 추구하려 한 유다의 통치자들과는 완전히 다른 의로써 이스라엘을 다스릴 왕의 출현을 보여 줍니다. 하지만 위기에도 불구하고 여전히 타락과 부패에 심취한 유다의 멸망을 예언하며, 성령의 역사로 복과 평화가 넘치는 메시야 왕국이 도래할 것에 대한 소망 찬 메시지가 소개됩니다.

**계 2장** 소아시아의 일곱 교회에 보내는 편지로, 에베소교회, 서머나교회, 버가모교회, 두아디라교회에 전하는 말씀을 기록하고 있습니다. 각 교회의 현재 행위에 대한 평가와 교회 내외부에 존재하는 악한 세력이 심판받을 것이라는 경고, 그리고 신실한 자에 대한 약속 등으로 이루어져 있습니다.

## 더 깊은 묵상

성도는 환난과 핍박 중에도 신앙을 지키며 이겨야 하고, 이기는 자에게 주시는 하나님의 축복을 받아야 합니다. 따라서 철저히 말씀에 서서 기도로 주의 도우심을 구하며 위로부터 주시는 성령의 능력을 힘입어야 합니다.

## 기도와 적용

### 말씀기도

❶ 환난과 핍박 중에서도 믿음을 지키고 이겨서 생명의 축복과 권세를 누리게 하소서.
❷ 철저히 말씀을 지키고 약속하신 축복을 자자손손 누리게 하소서.
❸ 날마다 주의 영을 부어주셔서 회복과 능력의 삶을 살게 하소서.

### 나의 적용

### 오늘의 감사

믿음으로 감사

소망으로 감사

사랑으로 감사

### 말씀암송

신 4:38 너보다 강대한 여러 ☐☐을 네 앞에서 쫓아내고 너를 그들의 ☐으로 인도하여 들여서 그것을 네게 ☐☐으로 주려 하심이 오늘과 같으니라

### 말씀배경 지식

**신 4:42**
도피성 제도와 이방의 성역 제도의 '성역'이란 신성불가침 지역으로 죄 지은 자가 이곳으로 피하여 숨으면 다른 사람들이 들어가서 잡을 수가 없었다. 이는 도피성 제도와 유사한 것처럼 보이지만 근본적으로 다르다. 성역 제도는 성역 자체를 신성시하지만 도피성 제도는 공정한 재판을 통해 무모한 살인을 방지하려는 사회적 중재 제도였다.

# 나의 하나님 나의 하나님

강태원

# 원하고 바라고 기도합니다

이현임, 김요셉, 민호기

# 심령이 가난한 자는

여명현

# 지워지는펜

## 손글씨 성경쓰기 전용

프릭션 잉크

가격(개당)
**1,800**원 x 12pcs

중성잉크펜 0.7mm
(검정, 빨강)

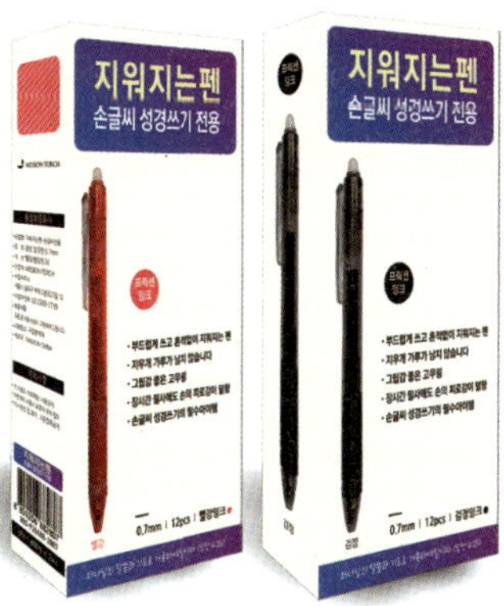


- 부드럽게 쓰고 흔적없이 지워지는 펜입니다.
- 지우개 가루가 남지 않습니다.
- 그립감 좋은 고무링
- 장시간 필사에도 손의 피로감이 덜합니다.
- 손글씨 성경쓰기의 필수아이템

# 손글씨 성경 시리즈 구약

(개역개정/본문수록)

시편 Psalms

구약 232면 / **12,000원**

187*255*14 ı 무선제본

잠언 Proverbs

구약 84면 / **6,000원**

187*255*5 ı 무선제본

## 손글씨성경 특징

- 성경본문 수록으로 성경을 휴대하지 않아도 시간과 장소에 구애받지 않고 필사할 수 있습니다.
- 360° 쉽게 잘 펴지는 제본형태로 글씨를 쓰는데 불편함이 없습니다.
- 성경본문의 절과 절 사이를 띄어 한눈에 보고 쓰기 편하도록 편집하였습니다.
- 쓰다가 잘못 쓸 경우를 대비하여 지워지는 볼펜 사용을 적극 권장합니다.
- 자신의 서체대로 자유롭게 나만의 손글씨성경을 만들 수 있습니다.